REINHARD VON HIPPEL

# Untersuchungen über den Rücktritt vom Versuch

# NEUE KÖLNER RECHTSWISSENSCHAFTLICHE ABHANDLUNGEN

HERAUSGEGEBEN VON
DER RECHTSWISSENSCHAFTLICHEN FAKULTÄT
DER UNIVERSITÄT ZU KÖLN

HEFT 46

Berlin 1966

WALTER DE GRUYTER & CO.
vormals G. J. Göschen'sche Verlagshandlung · J. Guttentag, Verlagsbuchhandlung
Georg Reimer · Karl J. Trübner · Veit & Comp.

# Untersuchungen über den Rücktritt vom Versuch

## Zugleich ein Beitrag zur allgemeinen Versuchslehre

Von

Dr. Reinhard von Hippel

Köln

Berlin 1966

WALTER DE GRUYTER & CO.

vormals G. J. Göschen'sche Verlagshandlung · J. Guttentag, Verlagsbuchhandlung
Georg Reimer · Karl J. Trübner · Veit & Comp.

Archiv-Nr. 27 08 66 7

Satz und Druck: Saladruck Steinkopf & Sohn, Berlin 36

INHALTSVERZEICHNIS

# LITERATUR- UND ABKÜRZUNGSVERZEICHNIS

Soweit mehrere Titel eines Autors angeführt sind, werden Zeitschriftenbeiträge mit abgekürztem Zeitschriftentitel nach Band und Seitenzahl zitiert, und bei selbständigen Arbeiten wird mit den angeführten Titelabkürzungen auf das Literaturverzeichnis verwiesen. Im übrigen wurden die allgemein gebräuchlichen Abkürzungen verwendet.


| | |
|---|---|
| Alsberg-Nüse | Der Beweisantrag im Strafprozeß. 2. Aufl. Köln, Berlin. 1956. |
| Arndt, Adolf | Umwelt und Recht. NJW 1961, 1615 ff. |
| — | Rechtsprechende Gewalt und Strafkompetenz. In: Festgabe für Carlo Schmidt. Tübingen. 1962. S. 5 ff. (Rechtsprechende Gewalt). |
| Arzt, Günther | Zur Erfolgsabwendung beim Rücktritt vom Versuch. GA 1964, 1 ff. |
| Bauer, W. | Geschichte und Wesen der Prostitution. 3. Aufl. Stuttgart. 1960. |
| Baumann, Jürgen | Strafrecht, Allgemeiner Teil. Ein Lehrbuch. 3. erw. Aufl. Bielefeld. 1964. |
| Baumgarten, J. | Die Lehre vom Versuche der Verbrechen. Stuttgart. 1888. |
| Beling, Ernst | Grundzüge des Strafrechts. 8. u. 9. überarb. Aufl. Tübingen. 1925. (Grundzüge). |
| — | Deutsches Reichsstrafprozeßrecht mit Einschluß des Strafgerichtsverfassungsrechts. Berlin u. Leipzig. 1928. (Strafprozeß). |
| — | Die Lehre vom Verbrechen. Tübingen. 1906. (Verbrechen). |
| Bemmann, Günter | Zur Frage der objektiven Bedingungen der Strafbarkeit. Göttinger Rechtswissenschaftl. Studien, H. 20. Göttingen. 1957. |
| Beseler, Georg | Kommentar über das Strafgesetzbuch für die Preußischen Staaten usw. Leipzig. 1851. |

| | |
|---|---|
| Bierling, Ernst Rudolf | Juristische Prinzipienlehre. Bd. I. Tübingen. 1894. Bd. III. Tübingen. 1905. |
| Binding, Karl | Die Normen und ihre Übertretung. Bd. I. 4. Aufl. Leipzig. 1922. (Normen). |
| — | Das Bedingte Verbrechen. GS 68 (1906), 1 ff. |
| Bocheński, J. M. | Wege zum philosophischen Denken. 4. Aufl. Freiburg. 1962. |
| Bockelmann, Paul | Referat „Versuch und Vorbereitung" in: Niederschr. über die Sitzungen der Gr. Strafrechtskomm. Bd. II. S. 171 ff. (Referat). |
| — | Wann ist der Rücktritt vom Versuch freiwillig? NJW 1950, 1417 ff. |
| — | Über das Verhältnis von Täterschaft und Teilnahme. Göttingen. 1949. (Teilnahme). |
| Brauer, Wilhelm | Kriminallexikon nach dem neuesten Stande der Gesetzgebung in Deutschland, bearb. v. Dr. Ludwig v. Jagemann und fortgesetzt v. Wilhelm Brauer. Erlangen. 1854. |
| Brecher, Fritz | Scheinbegründungen und Methodenehrlichkeit im Zivilrecht. In: Festschrift für Arthur Nikisch. Tübingen. 1958. S. 227 ff. |
| v. Buri, M. | Ueber Causalität und deren Verantwortung. Leipzig. 1873. |
| van Calker, Fritz | Strafrecht. Grundriß zu Vorlesungen und Leitfaden zum Studium. 3. Aufl. München, Berlin und Leipzig. 1927. |
| Coring, Gerd | Die Verfassungsmäßigkeit finanzamtlicher Strafbefugnis. Diss. Köln. 1958. |
| Dahs, Hans | Anmerkung zum Urteil des Bay. ObLG — 1 St 875/54 — in NJW 1955, 1448 f. |
| Dallinger, Wilhelm | Aus der Rechtsprechung des Bundesgerichtshofes in Strafsachen. MDR 1952, 407 ff. |
| Dohna, Alexander Graf zu | Der Aufbau der Verbrechenslehre. 3. durchgesehene Aufl. Bonn. 1947. |
| Dreher, Eduard | Probleme der Strafrechtsreform. Folge 1. Beilage z. Bundesanzeiger Nr. 176 v. 14. 9. 54 (Probleme). |
| — | Grundsätze und Probleme des § 49 a. GA 54, 11 ff. |
| Eisler, Rudolf | Handwörterbuch der Philosophie. Berlin. 1913. Stichwort „Substanz" S. 655 ff. |
| Engisch, Karl | Wahrheit und Richtigkeit im juristischen Denken. Münchener Universitätsreden. NF. Heft 35. München. o. J. (1963) (Wahrheit). |

| | |
|---|---|
| — | Die Imperativentheorie. Ungedr. Diss. Gießen. 1924 (1926). (Imperativentheorie). |
| — | Die Kausalität als Merkmal der strafrechtlichen Tatbestände. Beiträge zur Strafrechtswiss. Bd. I. Tübingen. 1931. (Kausalität). |
| — | Vom Weltbild des Juristen. Abhandlungen der Heidelberger Akademie der Wissenschaften. Philos.-Histor. Klasse. Jahrg. 1950. Bd. 2. (Weltbild). |
| — | Die Idee der Konkretisierung in Recht und Rechtswissenschaft unserer Zeit. Abhandl. d. Heidelberger Akad. d. Wiss. Phil.-hist. Klasse Jahrg. 1953. Bd. 1. (Konkretisierung). |
| — | Die normativen Tatbestandselemente im Strafrecht. In: Festschrift für Edmund Mezger z. 70. Geburtstag. München u. Berlin. 1954. S. 127 ff. (Mezger-Festschrift). |
| — | Einführung in das juristische Denken. 2. Aufl. Stuttgart. 1959. (Einführung). |
| Fiedler, Herbert | Vorhaben und Versuch. Eine Untersuchung zu den Grundlagen der deutschen Rechtsprechung zu § 43 StGB. Ungedr. Diss. Göttingen. 1955. (Versuch). |
| — | Rezension von Schreiber, „Logik des Rechts“ in: AcP 162 (1963), 515 f. |
| Finger, August | Thatbestandsmerkmale und Bedingungen der Strafbarkeit. GA 50 (1903), 32 ff. |
| Frank, Reinhard | Das Strafgesetzbuch für das Deutsche Reich nebst Einführungsgesetz. Kommentar. 18. Aufl. Tübingen. 1931. (Kommentar). |
| — | Vollendung und Versuch. VDA Bd. V. S. 163 ff. (VDA). |
| Franzheim, Horst | Die Teilnahme an unvorsätzlicher Haupttat. Neue Kölner Rechtswiss. Abhandlungen. H. 17. Berlin. 1961. |
| Germann, O. A. | Rezension von Busch, „Moderne Wandlungen der Verbrechenslehre“ in: Schweiz. Ztschr. f. Strafr. 64 (1949), 368 f. |
| Goltdammer | Die Materialien zum Straf-Gesetzbuche für die Preußischen Staaten usw. Theil I. Berlin. 1851. |
| Goldschmidt, James | Der Prozeß als Rechtslage. Eine Kritik des prozessualen Denkens. Berlin. 1925. Neudr. Ahlen. 1962. (Rechtslage). |

| | |
|---|---|
| — | Materielles Justizrecht. Rechtsschutzanspruch und Strafrecht. In: Festgabe für Hübler. Berlin. 1905. S. 85 ff. = Sonderabdr. Berlin. 1905. S. 1 ff. (Justizrecht). |
| — | Die Lehre vom unbeendigten und beendigten Versuch. Strafrechtl. Abh. H. 7. Breslau. 1897. (Versuch). |
| Grünhut, Max | Begriffsbildung und Rechtsanwendung im Strafrecht. Recht und Staat. H. 41. Tübingen. 1926. (Begriffsbildung). |
| — | Methodische Grundlagen der heutigen Strafrechtswissenschaft. In: Beiträge zur Strafrechtswissenschaft. Festgabe für Reinhard v. Frank zum 70. Geburtstag. Bd. I. Tübingen. 1930. S. 1 ff. (Methodische Grundlagen). |
| Gutmann, Alexander Peter | Die Freiwilligkeit beim Rücktritt vom Versuch und bei der tätigen Reue. Hamburg. 1963. |
| Hadamik, W. | Über die Bewußtseinsstörung bei Affektverbrechen. In: MoSchrKrim. 36 (1953), 11 ff. |
| Hall, Karl Alfred | Über das Mißlingen. Eine anthropologisch-strafrechtliche Studie über Versuch und Fahrlässigkeit. In: Existenz und Ordnung. Festschrift für Erik Wolf zum 60. Geburtstag. Frankfurt. 1962. S. 454 ff. |
| Hälschner, Hugo | System des preußischen Strafrechtes. 1. Theil. Bonn. 1858. |
| Harscher v. Almendingen | Versuch über das Prinzip des Strafrechts. In: Bibliothek für die peinliche Rechtswissenschaft, herausgeb. v. Grolmann, 1. Tl. 3. Stck. Herborn u. Hadamar. 1799. |
| Hartmann, Nicolai | Möglichkeit und Wirklichkeit. 2. Aufl. Meisenheim. 1949. |
| Hegler, A. | Die Merkmale des Verbrechens. ZStW 36 (1915), 19 ff., 184 ff. |
| Heinitz, Ernst | Streitfragen der Versuchslehre. JR 56, 248 ff. |
| Heintz, Peter | Soziale Vorurteile. Köln. 1957. |
| Heller, Theodor | Logik und Axiologie der analogen Rechtsanwendung. Neue Kölner Rechtswiss. Abh. H. 16. Berlin. 1961. |
| Henkel, Heinrich | Strafverfahrensrecht. Ein Lehrbuch. Stuttgart u. Köln. 1953 (Lehrbuch). |
| — | Recht und Individualität. Berlin. 1958 (Individualität). |

| | |
|---|---|
| Hering, Carl Joseph | Über Toleranz und die Notwendigkeit der Erziehung zur Toleranz. in: Wahrheit und Wert in Bildung und Erziehung, Folge 1 (1955), S. 135 ff. |
| Herzog, R. | Rücktritt vom Versuch und thätige Reue. Würzburg. 1889. |
| Hessen, Johannes | Das Kausalprinzip. 2. erw. Aufl. München, Basel. 1958. |
| v. Hippel, Ernst | Untersuchungen zum Problem des fehlerhaften Staatsakts. Beitrag zur Methode einer teleologischen Rechtsauslegung. 2. erw. Aufl. Berlin, Göttingen, Heidelberg. 1960. |
| v. Hippel, Fritz | Rechtstheorie und Rechtsdogmatik. Studien zur Rechtsmethode und zur Rechtserkenntnis. Jur. Abh. Bd. II. Frankfurt. 1964. |
| v. Hippel, Reinhard | Vorsatzprobleme der Straßenverkehrsgefährdung de lege ferenda. ZStW 75, (1963) 443 ff. |
| v. Hippel, Robert | Deutsches Strafrecht. Bd. I: Allg. Grundlagen. Berlin 1925. Bd. II: Das Verbrechen. Allgemeine Lehren. Berlin. 1930. |
| Hirsch, Hans Joachim | Die Lehre von den negativen Tatbestandsmerkmalen. Der Irrtum über einen Rechtfertigungsgrund. Bonner Rechtsw. Abh. Bd. 48. 1960. |
| Hobbes, Thomas | Leviathan oder Von Materie, Form und Gewalt des kirchlichen und bürgerlichen Staates. Deutsche Ausg. von Tl. I und II. hrsgg. v. J. P. Mayer. Zürich u. Leipzig. 1936. |
| Hold v. Ferneck Alexander | Die Rechtswidrigkeit. Bd. I. Eine Untersuchung zu den allgemeinen Lehren des Strafrechtes. Jena. 1903. |
| Honig, Richard | Studien zur juristischen und natürlichen Handlungseinheit. Zugleich ein Beitrag zur Strafrechtsreform. Mannheim, Berlin, Leipzig. 1925. |
| Huizinga, Johan | Homo ludens. Vom Ursprung der Kultur im Spiel. rde Bd. 21. Hamburg. 1956. |
| Husserl, Gerhart | Recht und Zeit. Frankfurt. 1955. |
| Jellinek, Georg | Allgemeine Staatslehre. 3. Aufl. 7. Neudr. Bad Homburg. 1960 (Allg. Staatslehre). |
| — | System der subjektiven öffentlichen Rechte. 2. Aufl. Tübingen. 1905. 2. unveränd. Neudr. Darmstadt. 1963 (System). |
| Kaiser, Günther | Moderne Kriminologie, Strafrechtsreform und das „neue“ Bild des Menschen. Kriminalistik 16 (1962), 545 ff. |

| | |
|---|---|
| Kamiak, Gustav | Das österreichische Strafgesetz usw. Komm. 5. Aufl. Wien. 1960. |
| Kaufmann, Armin | Lebendiges und Totes in Bindings Normentheorie. Göttingen. 1954 (Binding). |
| — | Die Dogmatik der Unterlassungsdelikte. Göttingen. 1959 (Dogmatik). |
| Kern, Eduard | Geschichte des Gerichtsverfassungsrechts. München und Berlin. 1954 (Geschichte). |
| — | Anm. zu BGH 5 StR 230/57 in: JZ 58, 373 f. |
| Klug, Ulrich | Bemerkungen zur logischen Analyse einiger rechtstheoretischer Begriffe und Behauptungen. In: Logik und Logikkalkül. Festschrift für W. Britzelmayr. Freiburg u. München. 1962. S. 115 ff. (Festschrift Britzelmayr). |
| — | Der Handlungsbegriff des Finalismus als methodologisches Problem. in: Philosophie und Recht. Festschrift zum 70. Geburtstag von Carl August Emge. Wiesbaden. 1960. S. 33 ff. (Handlungsbegriff). |
| KMR | Kommentar zur Strafprozeßordnung und zum Gerichtsverfassungsgesetz. Hrsg. v. Kleinknecht-Müller-Reitberger. 4. Aufl. Nürnberg. 1958. |
| Köhler, August | Deutsches Strafrecht. Allg. Teil, Leipzig. 1917. |
| Kohlrausch-Lange | Strafgesetzbuch m. Erl. u. Nebenges. 43. Aufl. bearb. v. Richard Lange. Berlin. 1961. |
| Kriegsmann, Hermann | Rezension von Goldschmidt, „Der Notstand, ein Schuldproblem" in: Lit. Ber. Strafr. Allg. Tl. Nr. 14. ZStW 35 (1914), 316 ff. |
| v. Kries, August | Lehrbuch des Deutschen Strafprozeßrechts. Freiburg. 1892. |
| v. Kries, J. | Über die Begriffe der Wahrscheinlichkeit und Möglichkeit und ihre Bedeutung im Strafrechte. ZStW 9 (1889), 528 ff. (Wahrscheinlichkeit). |
| — | Über den Begriff der objektiven Möglichkeit und einige Anwendungen desselben. Vjschr. f. wiss. Philos. 12 (1888), 179 ff., 287 ff., 393 ff. (Möglichkeit). |
| — | Die Prinzipien der Wahrscheinlichkeitsrechnung. Freiburg. 1886 (Prinzipien). |
| Kunert, Karl Heinz | Die normativen Merkmale der strafrechtlichen Tatbestände. (Diss. Bonn.) Berlin. 1958. |

| | |
|---|---|
| Lampe, Ernst-Joachim | Ingerenz oder dolus subsequens? ZStW 72 (1960), 93 ff. |
| Lange, Richard | Die Systematik der Strafdrohungen. In: Materialien zur Strafrechtsref. I (Gutachten d. Strafrechtslehrer) Bonn. 1954. S. 69 ff. (Systematik). |
| — | Die Schuld des Teilnehmers, insbes. bei Tötungs- und Wirtschaftsverbrechen. JR 49, 165 ff. |
| — | Das juridisch-forensisch-kriminologische Grenzgebiet. In: Handbuch der Neurosenlehre u. Psychotherapie. Hrsgg. v. V. E. Frankl, V. E. Frh. v. Gebsattel und J. H. Schultz. Lfg. 23. München u. Berlin. 1960. S. 404 ff. (Handbuch). |
| — | Nur eine Ordnungswidrigkeit. JZ 57, 233 ff. |
| — | Die Magna Charta der anständigen Leute. JZ 56, 519 ff. |
| — | Der Strafgesetzgeber und die Schuldlehre. Zugl. ein Beitrag zum Unrechtsbegriff bei den Zuwiderhandlungen. JZ 56, 73 ff. |
| — | Besprechung v. Hartung, „Das Steuerstrafrecht" in: Lit. Ber. Strafr. Allg. Tl. Nr. 18. ZStW 65, (1953) 97 ff. |
| — | Rezension von Dalcke-Fuhrmann-Schäfer, „Strafrecht und Strafverfahren" in: Lit. Ber. Allg. Tl. Nr. 4, ZStW 73 (1961), 106 ff. |
| — | Anmerkung zu BGH 5 StR 28/58. JZ 58, 671 f. |
| Lang-Hinrichsen, Dietrich | Zur Problematik der Lehre von Tatbestands- und Verbotsirrtum. JR 1952, 184 ff. |
| — | Probleme der strafrechtlichen Schuld und der Kriminologie. Civitas. II (1963), 206 ff. (Probleme). |
| — | Die irrtümliche Annahme eines Rechtfertigungsgrundes in der Rechtsprechung des Bundesgerichtshofes. Zugleich ein Beitrag zur Lehre vom Verbotsirrtum. JZ 1953, 362 ff. |
| v. Laue, Max | Geschichte der Physik. Bonn. 1946. |
| Lehmann, Barbara | Die Bestrafung des Versuchs nach deutschem und amerikanischem Recht. Rechtsvergl. Untersuchungen zur gesamten Strafrechtswissensch. Neue Folge. H. 30. Bonn. 1962. |
| Leipziger Kommentar | Strafgesetzbuch. 7. Aufl. Bd. II. Berlin. 1951. 8. Aufl. Bd. I. Berlin. 1957. Bd. II. Berlin. 1958. |

| | |
|---|---|
| v. Liszt, Franz | Lehrbuch des Deutschen Strafrechts. 21. u. 22. Aufl. (Ausg. letzter Hand). Berlin u. Leipzig. 1919. 26. Aufl. Bd. I. Bearb. v. Eb. Schmidt. 1932 (Lehrbuch). |
| — | Rechtsgut und Handlungsbegriff im Bindingschen Handbuche. Ein kritischer Beitrag zur juristischen Methodenlehre. ZStW 6, (1886) 663 ff. |
| — | Der Zweckgedanke im Strafrecht. ZStW 3 (1883), 1 ff. = Strafrechtl. Vorträge u. Aufsätze, Bd. I. (1905) S. 126 ff. = Deutsches Rechtsdenken, H. 6. Frankfurt o. J. (Zweckgedanke). |
| Lorenz, Max | Die Verjährung in der deutschen Strafgesetzgebung. München u. Berlin. 1955. |
| Maurach, Reinhart | Schuld und Verantwortung im Strafrecht. Wolfenbüttel u. Hannover. 1948 (Schuld). |
| — | Grundriß des Strafrechts. Allgemeiner Teil. Wolfenbüttel u. Hannover. 1948 (Grundriß). |
| — | Deutsches Strafrecht. Allgemeiner Teil. Ein Lehrbuch. 1. Aufl. Karlsruhe. 1954. 3. erw. u. bearb. Aufl. Karlsruhe. 1965 (Lehrbuch). |
| Mayer, Hellmuth | Strafrecht. Allgemeiner Teil. Stuttgart u. Köln. 1953. |
| Mayer, Max Ernst | Versuch und Teilnahme. In: Die Reform des Reichsstrafgesetzbuchs. Hrsgg. von Aschrott und v. Liszt. Bd. I. Allg. Tl. Berlin 1910 (Versuch und Teilnahme). |
| — | Der Allgemeine Teil des Deutschen Strafrechts. Heidelberg. 1915. 2. unveränderte Aufl. 1923. (Lehrbuch). |
| Merton, Robert K. | Social Theory and Social Structure. rev. and enl. Ed. 1957. The free Press of Glencoe. |
| Mezger, Edmund | Strafrecht. Ein Lehrbuch, 3. Aufl. Berlin u. München. 1949 (Lehrbuch). |
| — | Deutsches Strafrecht. Ein Grundriß. 3. Aufl. Berlin. 1943 (Grundriß). |
| — | Strafrecht I. Allg. Teil. Ein Studienbuch. 8. Aufl. München u. Berlin. 1958 (Studienbuch). |
| Michels, Hans Gerhard | Strafbare Handlung und Zuwiderhandlung. Versuch einer materiellen Unterscheidung zwischen Kriminal- und Verwaltungsstrafrecht. Neue Kölner Rechtsw. Abh. H. 24. Berlin. 1963. |

| | |
|---|---|
| Mittasch, Helmut | Die Auswirkungen des wertbeziehenden Denkens in der Strafrechtssystematik. Abh. des Kriminalist. Inst. a. d. Univ. Berlin. 4. Folge. IV. Bd. 3. H. Berlin. 1939. |
| Niese, Werner | Finalität, Vorsatz und Fahrlässigkeit. Recht u. Staat. H. 156/57. Tübingen. 1951. |
| Nipperdey, Hans Carl | Enneccerus-Nipperdey, Lehrbuch des Bürgerlichen Rechts, Bd. 1, 15. Aufl. 1959. |
| Nowakowski, Friedrich | Das österreichische Strafrecht in seinen Grundzügen. Graz, Wien, Köln. 1955 (Lehrbuch). |
| — | Zur Lehre von der Rechtswidrigkeit. ZStW 63 (1951), 287 ff. |
| Oehler, Dietrich | Das objektive Zweckmoment in der rechtswidrigen Handlung. Berliner Jur. Abh. Bd. 1. Berlin. 1959 (Zweckmoment). |
| — | Die Achtung vor dem Leben und die Notstandshandlung. JR 51, 489 ff. |
| Oetker, Friedrich | Strafanspruch und strafprozessualer Parteibegriff. GS 108 (1936), 1 ff. |
| — | Der Versuch und die schweizerischen Strafgesetzentwürfe. ZStW 17 (1897), 53 ff. |
| Ohlshausen, J. v. | Kommentar zum Strafgesetzbuch für das Deutsche Reich. 12. Aufl. Lfg. I—III. Berlin. 1942. |
| Oppenhoff, F. C. | Das Strafgesetzbuch für die Preußischen Staaten und das Gesetz über die Einführung desselben, erl. a. d. Materialien, der Rechtslehre und den Entscheidungen des Königl. Ober-Tribunals. Berlin. 1856 (Oppenhoff [1]). |
| Oppenhoff | Das Strafgesetzbuch für das Deutsche Reich, Komm. 6. Aufl. Berlin. 1887 (Oppenhoff [2]). |
| Peters, Karl | Die strafrechtsgestaltende Kraft des Strafprozesses. Recht u. Staat. H. 276/77. Tübingen. 1963. |
| Rabl, Kurt O. | Der Gefährdungsvorsatz. Strafrechtl. Abhandl. Nr. 312. Breslau-Neukirch. 1933. |
| Radbruch, Gustav | Entwurf eines Allgemeinen Deutschen Strafgesetzbuches (1922). Tübingen. 1952 (Entwurf). |
| — | Zur Systematik der Verbrechenslehre. In: Beiträge zur Strafrechtswissenschaft (Festgabe für Reinhard v. Frank zum 70. Geburtstag) Bd. I. Tübingen. 1930. S. 158 ff. (Systematik). |

| | |
|---|---|
| Reiwald, Paul | Die Gesellschaft und ihre Verbrecher. Internat. Biblioth. f. Psychologie u. Soziologie. Bd. V. Zürich. 1948. |
| Roeder, Hermann | Die Erscheinungsformen des Verbrechens im Spiegel der subjektiven und objektiven Strafrechtstheorie. Wien. 1953. |
| Roxin, Claus | Straftaten im Rahmen organisierter Machtapparate. GA 1963, 193 ff. |
| — | Täterschaft und Tatherrschaft. Hamburger Rechtsstudien, H. 50. Hamburg. 1963 (Täterschaft). |
| — | Zur Kritik der finalen Handlungslehre. ZStW 74 (1962), 515 ff. (Kritik). |
| Ruggiero, Guido | Philosophische Strömungen des zwanzigsten Jahrhunderts. Köln. 1949. |
| Salm, Karl | Das versuchte Verbrechen. Freiburger Rechts- u. Staatswissenschaftl. Abh. Bd. 8. Karlsruhe. 1957. |
| Sauer, Wilhelm | Die beiden Tatbestandsbegriffe. Zur Lehre von den äußeren Strafbarkeitsbedingungen. In: Festschrift für Edmund Mezger zum 70. Geburtstag, München u. Berlin. 1954. S. 117 ff. (Mezger-Festschr.). |
| — | Allgemeine Strafrechtslehre. Eine lehrbuchmäßige Darstellung. 3. Aufl. Berlin. 1955 (Strafrechtslehre). |
| — | Allgemeine Prozeßrechtslehre, zugleich eine systematische Schulung der zivilistischen und der kriminalistischen Praxis. Berlin, Detmold, Köln, München. 1951 (Prozeßrechtslehre). |
| Sax, Walter | Zum logischen und sachlichen Gehalt des sogenannten Umkehrschlusses aus § 59 StGB. JZ 64, 241 ff. |
| — | Das strafrechtliche „Analogieverbot". Eine methodologische Untersuchung über die Grenzen der Auslegung im geltenden deutschen Strafrecht. Göttingen. 1953 (Analogieverbot). |
| Schäfer, Karl | Einleitung in Löwe-Rosenberg „Die Strafprozeßordnung und das Gerichtsverfassungsgesetz usw." 21. neubearb. Aufl. Bd. I. Lfg. 1. Berlin. 1962. |
| Schaffstein, Friedrich | Rezension von Mittasch, „Wertbeziehendes Denken" usw. Lit. Ber. Strafrecht. Allg. Tl. ZStW 59 (1940), 660 f. |
| Scheler, Max | Reue und Wiedergeburt. In: Ges. Werke V. (Vom Ewigen im Menschen). 4. Aufl. Bern. 1954. S. 29 ff. |

Schmidt, Eberhard — Lehrkommentar zur Strafprozeßordnung und zum Gerichtsverfassungsgesetz. Teil I. Die rechtstheoretischen und die rechtspolitischen Grundlagen des Strafverfahrensrechts. 2., völl. durchgearb. u. erw. Aufl. Göttingen. 1964 (Lehrkommentar).

— Begnadigung und Amnestie. In: Handbuch des Deutschen Staatsrechts. Hrsg. v. Anschütz u. Thoma. Bd. II. Tübingen. 1932. S. 563 ff. (Handbuch).

— Die Sache der Justiz. Göttingen. 1961 (Justiz).

Schönke-Schröder — Strafgesetzbuch. Kommentar. 12. neubearb. Aufl. München u. Berlin. 1965.

Schreiber, Rupert — Logik des Rechts. Berlin, Göttingen, Heidelberg. 1962.

Schröder, Horst — Die Freiwilligkeit des Rücktritts vom Versuch. MDR 56, 321 ff.

— Grundprobleme des Rücktritts vom Versuch. JuS 2 (1962), 81 ff.

Schwalm — Stellungnahme der Strafrechtsabteilung des Bundes-Justizministeriums zu „Versuch und Vorbereitung". In: Niederschr. über d. Sitz d. Gr. Strafrechtskomm. Bd. II. Bonn. 1958. S. 187 ff.

Schwinge, Erich — Teleologische Begriffsbildung im Strafrecht. Ein Beitrag zur strafrechtl. Methodenlehre. Bonn. 1930.

Seiler, Julius — Philosophie der unbelebten Natur. Olten. 1948.

Spendel, Günter — Der sog. Umkehrschluß aus § 59 nach d. subjekt. Versuchstheorie. ZStW 69 (1957), 441 ff.

Spohr, Ludwig — Rücktritt und tätige Reue beim versuchten und vollendeten Verbrechen im amtlichen Entwurf eines Allgemeinen Deutschen Strafgesetzbuchs. Strafrechtl. Abh. H. 215. Breslau. 1926.

Stöger, Fritz — Versuch des untauglichen Täters. Zugleich ein Beitrag zur strafrechtlichen Lehre vom Unrecht. Neue Kölner Rechtswissenschaftl. Abh. H. 19. Berlin 1961.

Stratenwerth, Günter — Handlungs- und Erfolgsunwert im Strafrecht. Schweizer Zeitschr. f. Strafr. 79 (1963), 233 ff.

Temme, J. D. H. — Glossen zum Strafgesetzbuche für die Preußischen Staaten. Breslau. 1853.

Tesar, Ottokar — Rezension von Mittasch, „Wertbeziehendes Denken" usw. In: Monatsschr. Krim. biol. u. Strafrechtsref. 1942. 80 ff.

Thibaut, A. J. F. — Theorie der logischen Auslegung des römischen Rechts. 2. verm. u. verb. Ausg. Altona. 1806.

Thoma, Richard — Das System der subjektiven öffentlichen Rechte und Pflichten. In: Handb. d. dt. Staatsrechts. Hrsg. v. Anschütz u. Thoma. Bd. II. Tübingen. 1932.

Traub, Fritz — Die Subjektivierung des § 46 StGB in der neuesten Rechtsprechung des BGH. NJW 56, 1183 ff.

v. Uexküll, Thure — Der Mensch und die Natur. Bern. 1953.

Umhauer, Erwin — Ein Beitrag zur Lehre vom Begriff und Wesen des Polizeidelikts. Diss. Freiburg. 1904.

Wach, Adolf — Vorträge über die Reichs-Civilprocessordnung. 2. veränd. Aufl. Bonn. 1896.

Walz, Gustav Adolf — Kritik der phänomenologischen reinen Rechtslehre Felix Kaufmanns. Stuttgart. 1928.

v. Weber, Hellmuth — Grundriß des deutschen Strafrechts. 2. verb. Aufl. Bonn. 1948.

Wegner, Arthur — Strafrecht. Allgemeiner Teil. Göttingen. 1951.

Weissenstein, Robert F. — Anglo-amerikanisches Rechtswörterbuch. 1. Tl. Englisch-deutsch. Zürich. 1950.

Welzel, Hans — Das deutsche Strafrecht. Eine systematische Darstellung. 7. Aufl. Berlin. 1960.

— —,—. 9. Aufl. Berlin. 1965 (Lehrbuch).

— Um die finale Handlungslehre. Eine Auseinandersetzung mit ihren Kritikern. Recht und Staat. H. 146. Tübingen. 1949 (Handlungslehre).

— Aktuelle Strafrechtsprobleme im Rahmen der finalen Handlungslehre. Schriftenr. d. jur. Studienges. Karlsruhe. H. 4. Karlsruhe. 1953 (Strafrechtsprobleme).

— Studien zum System des Strafrechts. ZStW 58 (1939), 491 ff.

— Naturrecht und materiale Gerechtigkeit. 2. durchges. Aufl. Göttingen. 1955 (Naturrecht).

— Vom Bleibenden und vom Vergänglichen in der Strafrechtswissenschaft. Marburg. 1964 (Vom Bleibenden).

— Der Verbotsirrtum im Nebenstrafrecht. JZ 56, 238 ff.

— Anm. zu BGH 5 StR 219/56 in: JZ 57, 130 ff.

| | |
|---|---|
| Werner, Fritz | Recht und Toleranz. Festvortrag 44. Dt. Juristentag. Bd. II/B. Tübingen. 1963. |
| Wieacker, Franz | Privatrechtsgeschichte der Neuzeit unter besonderer Berücksichtigung der deutschen Entwicklung. Göttingen. 1952. |
| Wolf, Erik | Typen der Tatbestandsmäßigkeit. Breslau. 1931. |
| — | Rezension von Mittasch, „Wertbeziehendes Denken" usw. In: Lit. Ber. Rechts- u. Staatsphilos. Nr. 10. ZStW 60, 317 ff. |
| Würtenberger, Thomas | Die geistige Situation der deutschen Strafrechtswissenschaft. Freiburger Rechts- u. Staatswissenschaftl. Abh. Bd. 7. Karlsruhe. 1957. 2. unveränd. Aufl. 1959. |
| Zachariä, H. A. | Die Lehre vom Versuche der Verbrechen. 2. Theil. Göttingen. 1839. |
| Zimmerl, Leopold | Aufbau des Strafrechtssystems. Tübingen. 1930. (Aufbau). |
| — | Strafrechtliche Arbeitsmethode de lege ferenda. Berlin u. Leizpig. 1931 (Arbeitsmethode). |

# VORWORT

Trotz der jahrzehntelangen Herrschaft der subjektiven Versuchstheorie in der Rechtsprechung und der nahezu einhelligen systematischen Einordnung des Rücktrittsprivilegs als persönlicher Strafaufhebungsgrund hat dessen Deutung nicht nur Doktoranden[1] beschäftigt, sondern gerade in jüngster Zeit wieder Literatur[2] und Rechtsprechung[3]. Eine Überprüfung des heute noch weitgehend als gesichert geltenden[4] Traditionsbestandes bedarf deshalb keiner besonderen Rechtfertigung.

Um den überkommenen Bestand nicht einfach blind zu tradieren, war es nötig, vor den heute noch nahezu einhellig anerkannten Dogmen anzusetzen. Bei der dem „Beginn der Ausführung" logisch nachrangigen Stellung des Rücktrittsprinzips mußte zunächst der methodische und systematische Ansatz der Versuchslehre geklärt werden (Teil A). Als Ausgang bot sich die angesichts der Regelung im Allgemeinen Teil kaum bezweifelbare Einordnung des Versuchs als Strafausdehnungsgrund. Anschließend galt es, die zum Rücktrittsprinzip überlieferten Dogmen von den methodischen und systematischen Grundlagen her kritisch zu analysieren (Teil B). Aus den erarbeiteten systematischen Grundlagen und den Ergebnissen der Kritik war dann zu versuchen, Möglichkeiten zur Einordnung des Rücktritts aufzuzeigen (Teil C). Dabei kam es nicht so sehr darauf an, für alle die Rechtsprechung beschäftigenden Einzelfragen praktische Lösungsvorschläge zu bieten, die ihrerseits neue Dogmatisierungen voraussetzten. Vielmehr wurde versucht, den strukturellen Problemzusammenhang so aufzuarbeiten, daß eine Diskussion über ihn vom Boden möglichst vieler verschiedener dogmatischer Systeme her möglich ist. Das Ziel der Arbeit ist deshalb in erster Linie ein negatives: Erschüttern jahrzehntelang für *wahr* gehaltener Dogmen, deren *Richtigkeit* heute bereits fragwürdig ist.

---

[1] Zuletzt GUTMANN, a. a. O.

[2] BOCKELMANN NJW 55, 1417 ff.; HEINITZ, „Streitfragen der Versuchslehre" (JR 56, 248 ff.), widmet von knapp zehn Spalten acht dem Rücktritt; SCHRÖDER MDR 56, 321 ff. und JuS 62, 81 ff.; TRAUB NJW 56, 1183; ARZT GA 64, 1 ff.

[3] BGH 7, 296 ff. gegen RG 75, 393; BGH 9, 48 ff.; 11, 324 ff. gegen RG 17, 158 und 68, 306.

[4] Vgl. GUTMANN, a. a. O.

# A. METHODISCHE UND SYSTEMATISCHE GRUNDLAGEN

## I. Versuch als Strafausdehnungsgrund

Nach einhelliger Meinung ist die Versuchsbestimmung Strafausdehnungsgrund[5], also un*selb*ständiger, nicht etwa un*voll*ständiger Rechtssatz. So weit ersichtlich wird diese Einordnung in der Literatur nicht begründet. Sie ergibt sich formal einmal aus der Stellung im Allgemeinen Teil, zum anderen aus dem Fehlen eines eigenen Strafrahmens. Im Gegensatz zu dem Sondertatbestand des § 49 b erlaubt § 44 nur Modifizierungen des Strafrahmens der Deliktsbegriffe des Besonderen Teils. Es gibt deshalb keinen Versuch in den Variationen Tötung, Erpressung usw. — wie z. B. schweren Diebstahl als Einbruchs-, Gepäckdiebstahl usw. —, sondern nur versuchten Mord, Diebstahl usf. Damit liegt das für die Unrechtsbestimmung des Versuchs wesentliche Rechtsgut ebenso außerhalb des Versuchsbegriffs wie dessen Einstufung als Verbrechen oder Vergehen (Arg. § 44).

## II. Ontologische Begründungsversuche der Versuchsstrafe

### *1. Mittels der Kausalität*

Das Reichsgericht kritisiert in dem Urteil der Vereinigten Strafsenate vom 24. 5. 1880[6] die ältere objektive Theorie[7] damit, daß nach dieser „Handlungen, wenn sie als Versuch strafbar sein sollen, in einem *Kausalverhältnis* zur Vollendung ... stehen müssen[8]". Trete der Erfolg nicht ein, so fehle auch die Kausalität. Die Einzelfaktoren der Handlung begründeten „nur eine größere oder geringere Möglichkeit oder Wahrscheinlichkeit" der Verletzung[9]. So richtig diese Argumentation vom Boden der Äquivalenztheorie[10] aus ist, so wenig trifft

---

[5] Der Begriff ist 1915 von M. E. Mayer eingeführt worden, Lehrbuch S. 341; vgl. dazu Lehmann S. 22 Anm. 1.

[6] RG 1, 439 ff.; in diesem Urteil machte es sich zuerst die subjektive Theorie v. Buris zu eigen, die es dann in ständiger Rechtsprechung vertreten hat.

[7] Vgl. zu diesem Begriff Rob. v. Hippel II, S. 417.

[8] A. a. O., S. 442, Hervorhebung v. Verf.

[9] Ebenda, vgl. ferner besonders ausführl. RG 8, 198.

[10] Von v. Buri entwickelt, vom RG zuerst übernommen in RG 1, 373.

sie die ältere objektive Theorie: Die Äquivalenztheorie versteht Kausalität als ontische Kategorie[11], die nur assertorische, nicht problematische Urteile erlaubt[12], denn potentielle Kausalität hat den Seinsmodus des Nicht-Seins[13]. Dieser Kausalitätsbegriff kann aber schon aus logischen Gründen überhaupt nicht dem zwar objektiven, aber *abstrakten*[14] Gefahrbegriff der älteren objektiven Theorie zugrunde liegen[15]. Die Unterscheidung zwischen absolut- und relativuntauglichem Versuch[16] hat mit Kausalität im Sinne der Äquivalenztheorie nichts zu tun, sie setzt vielmehr einen Maßstab dafür, was als sozial unerträglich zugerechnet werden soll[17]. Der Gefahrbegriff als solcher, den das RG auch außerhalb des Versuchs selber verwendet hat[18], wird also von der Kritik nicht berührt.

Dieses historische Mißverständnis ist deshalb bedeutsam, weil das Reichsgericht gerade vom Boden der naturalistischen Äquivalenztheorie aus eine ontologische Versuchstheorie sicherlich begrüßt hätte[19], Verdienst seiner fehlgerichteten Kritik bleibt der Nachweis ihrer Unmöglichkeit[20].

### 2. *Mittels der Finalität*

#### a) Die subjektive Theorie als Vorläufer[21]

Die Einführung der Äquivalenztheorie in den Gefahrbegriff, die zu dessen Auflösung geführt hat[22], ließ dem Reichsgericht als Anknüpfungspunkt auf der Realebene lediglich den Täter und die Rechts-

---

[11] Diese Auffassung ist keineswegs selbstverständlich. Nach HESSEN z. B. ist die Kausalität lediglich ein Postulat, das mit dem der Begreifbarkeit allen Geschehens zusammenfällt. „Nicht die Unmöglichkeit, sondern nur die Unbegreifbarkeit nichtkausalen Geschehens wird vom Kausalprinzip behauptet, wenn dieses als Postulat aufgefaßt wird" (S. 264). Eine grundsätzliche Klärung des Kausalproblems ist an dieser Stelle weder möglich noch nötig. Vgl. zur Frage der Kausalität im Recht insbes. ENGISCH, Weltbild, S. 110ff. m. zahlr. Nachweisen, der seine Untersuchung allerdings auf den Kausalbegriff beschränkt.

[12] REINH. v. HIPPEL, S. 455.

[13] Vgl. NIESE, S. 42f. zum Probl. d. „Potentiellen Finalität".

[14] Ausführl. m. Nachw. ROB. v. HIPPEL, II S. 417ff.

[15] Das übersieht offenbar auch WELZEL, Lehrbuch § 24 IV 1b.

[16] Nachweise b. ROB. v. HIPPEL, a. a. O.

[17] Vgl. ENGISCH, Kausalität, S. 10 m. Nachw. in Anm. 3.

[18] Vgl. z. B. RG 10, 1 zu § 223a.

[19] Die Annahme liegt nahe, daß der Urteilsbegründung ein eigener Versuch einer solchen Theorie vorausgegangen ist.

[20] Neuerdings kehrt die in der Versuchslehre überwundene Verknüpfung von Kausalität und Gefahr ausgerechnet bei Gefährdungsdelikten wieder, vgl. dazu REINH. v. HIPPEL, S. 454 m. Nachweisen.

gemeinschaft. Entsprechend fand das Rechtsgut sein Substrat nur noch im Innersubjektiven des sich gegen die Rechtsordnung Auflehnenden und derjenigen Rechtsgenossen, die von dieser Auflehnung erfahren haben. Gleichzeitig ließ der durch die Aufgabe des Gefahrbegriffs vom Angriffsobjekt abgelöste Schutzgedanke den Täter in seiner Personalität zum bloßen Träger eines fehlgeleiteten Willens schrumpfen, auf den spezialpräventiv eingewirkt werden muß, und die Rechtsgemeinschaft erscheint gleichsam als Horde potentieller Rechtsbrecher, denen generalpräventiv[23] am Versuchstäter die Nutzlosigkeit der Auflehnung gegen die Rechtsordnung demonstriert werden muß[24].

Die Projektion des Angriffsobjekts in die Psyche der Mitbürger dient dazu, der Kritik an Willensstrafrecht oder symptomatischer Verbrechensauffassung durch Einführen eines neuen, durch die Versuchsbestimmung geschützten Rechtsguts „unerschütterte (faktische) Geltung der Rechtsordnung" oder „Rechtsfrieden" zu entgehen[25].

Eine Darstellung der hierauf zurückzuführenden Theorien führte ins Uferlose. Es sei deshalb nur an Stichworte wie Geltungsschaden und Eindruckstheorie[26] erinnert. Damit ist die Versuchsbestimmung zum Sonderdelikt hypostasiert und kann als Strafausdehnungsgrund allenfalls noch von § 49 b[27] gedacht werden, der dann durch §§ 43 ff. zum Blankettgesetz erweitert würde.

---

[21] Vorläufer nur in dem negativen Sinne, daß geistesgeschichtlich die jahrzehntelange subjektivistische Rechtsprechung des RG durch Schwächung des Rechtsgutsgedankens der finalen Handlungslehre die Wege geebnet hat; dagegen kann eine positiv-inhaltliche Dependence schon deshalb nicht behauptet werden, weil NICOLAI HARTMANN, an dessen Ontologie die finale Handlungslehre vielfach anknüpft, gleichfalls die Gefahr leugnet. Nach ihm ist nur möglich, was wirklich ist oder wird; vgl. insbes. S. 178 f.

[22] Nach MAURACH, Lehrb. S. 432, „stellt auch das Reichsgericht auf die Gefährlichkeit des Versuchs ab" (Arg. RG 33, 321). Selbst wenn das richtig ist, bezöge sich das Gefahrurteil jedenfalls nicht auf das Angriffsobjekt, vgl. dazu anschl. im Text.

[23] So insbesondere die generalpräventive Eindruckstheorie, vgl. z. B. MEZGER, StuB I § 79 2 c m. w. Nachw.

[24] Es wäre dankenswert, einmal zu klären, wie weit solche, meist unausgesprochenen dogmatischen „Überbauten", die regelmäßig aus den Ansätzen zwingend folgen, z. B. für die Theorie, die Gesellschaft opfere den Verbrecher stellvertretend (so REIWALD, S. 40 ff., 227 ff.; vgl. dazu LANGE, Handbuch S. 407), genetisch bedeutsam waren.

[25] Vgl. z. B. RG 1, 443; 24, 383; für die neuere Zeit insbes. BGH 11, 324 (325 ff.), ferner BGH 11, 271 m. weiteren Nachw.; MAURACH, Lehrb. S. 431 ff.; SCHWALM, S. 188.

[26] Vgl. in Anm. 23.

[27] § 49 b normiert ein Sonderdelikt, das nach RG 69, 164 (insbes. 166 ff., 168) nicht das bedrohte Leben, sondern die öffentliche Rechtsordnung schützt.

Es ist zwar unbestreitbar, daß auch der Rechtsfriede strafrechtlich geschütztes Rechtsgut sein kann[28], das Besondere etwa gegenüber § 130 StGB liegt aber darin, daß die Versuchsbestimmung als unselbständiger Rechtssatz[29] dem „Rechtsfrieden" keinen spezifischen Inhalt zu geben vermag, so daß er mit dem Rechtsgut „öffentliche Sicherheit und Ordnung" zusammenfällt[30]. Dieses Rechtsgut trägt nun durch und durch polizeirechtlichen Charakter[31]. Zwar bleiben die genuin strafrechtlichen Rechtsgüter der Deliktsbegriffe des Besonderen Teils keineswegs als intentionale Gegenstände gleichsam in pectore des Gesetzgebers verborgen, sondern werden in den einzelnen Androhungen der Versuchsstrafe deutlich ausgesprochen[32]. Sie verändern jedoch ersichtlich ihren Charakter in Richtung der abstrakten und polizeirechtlichen bloßen Anerkennung durch die Verlagerung des Angriffsobjektes ins Innerpsychische, *die die Tat zu einer Abstraktion verblassen läßt.*

Auch der nach § 43 notwendige „Beginn der Ausführung" vermag die Tat nicht wiederzubeleben: Wenn Grund der Versuchsstrafe nicht die Gefährlichkeit, sondern nur der Wille ist, so kann nicht nur jede Handlung Versuch sein[33], vielmehr bedeutet dann „Beginn der Ausführung" nur noch die Bestimmung einer *Strafbarkeitsgrenze, so daß die Handlung* (Bewegung) *sich zu einem statischen Zurechnungspunkt verflüchtigt:* „Wenn wir ... vom ‚Zeitpunkt der Tat' sprechen, so verstehen wir genau genommen darunter den Zeitpunkt, in dem die Grenze zwischen strafloser Vorbereitung und strafbarem Versuch überschritten wird[34]"; „zunächst sei daran erinnert, daß nur der Zeitpunkt der Tat maßgebend ist. Physische wie psychische Ereignisse, die

---

[28] Das zeigt nicht nur in der Rechtsgeschichte die Erklärung des Allgemeinen Landfriedens, sondern auch im geltenden Recht § 130 StGB.

[29] Vgl. o. sub I.

[30] Ähnlich die Kritik LANGES in KOHLRAUSCH-LANGE Anm. VII, 2 zu § 259 am Beschl. d. Gr. Sen. BGH 7, 134 ff. zum Problem des Verhältnisses der Teilnahme an der Vortat zu anschließenden Hehlereihandlungen: „Auch der Gedanke, die Hehlerei verletze neben dem Vermögen allgemeine Sicherheitsinteressen ... ist ... nicht gegen den Einwand gesichert, daß jenes Interesse bei allen Delikten verletzt werde. Rechtsstaatlich ist die Verwässerung des Rechtsgutsbegriffs bedenklich."

[31] Vgl. § 14 PVG; vgl. schon 10 II 17 ALR.

[32] Als Sonderdelikt wäre also „öffentliche Sicherheit und Ordnung" als Summe der durch Versuchsstrafdrohung geschützten Rechtsgüter zu denken und im Fallentscheid auf bestimmte Rechtsgüter zu präzisieren. Danach wären §§ 43 ff. lediglich unvollständiger Rechtssatz, vgl. o. sub I.

[33] Nach der subjektiven Theorie ist der untaugliche Versuch grundsätzlich strafbar, RG 1, 439 (443); die Einschränkung des RG bei Fällen des abergläubischen Versuchs (vgl. z. B. RG 33, 321 [323]) trägt vom Boden der subjektiven Theorie nicht und ist gemeinrechtlich zu verstehen.

[34] STÖGER, S. 48 (Hervorhebung v. Verf.).

nach [diesem Zeitpunkt] der Tat die Gefährlichkeit des Täters wieder ausschließen, können nicht berücksichtigt werden[35]".

Die normative Grenzziehung ist als Werturteil mangels des Gefahrbegriffs noch nicht einmal relational und erlaubt vom Boden der subjektiven Theorie aus jede den verbrecherischen Willen kundgebende Handlung einzubeziehen. Die Einschränkung des Reichsgerichts durch die *Frank*sche Formel[36]: „Ein Anfang der Ausführung ist in allen Tätigkeitsakten zu finden, die vermöge ihrer notwendigen Zusammengehörigkeit mit der Tatbestandshandlung für die natürliche Auffassung als deren Bestandteile erscheinen" ist einmal, aus dem Zusammenhang der *Frank*schen Lehre gerissen und der subjektiven Theorie aufgesetzt, nur eine Potestativbedingung der rechtsprechenden Gewalt[37] und zum anderen ohne Gefahrbegriff bar jeden Aussagewertes.

Eine Theorie, die mit dem Gefahrbegriff das Rechtsgut wie auch die Handlung in Abstraktionen aufgelöst hat, vermag das Unrecht und den Deliktscharakter[38] des Versuchs[39] nicht zu begründen. Die Konsequenz dieser Subjektivierung hat *Nowakowski* gezogen: Für ihn ist der Versuch mangels eines Bewertungsobjekts nicht mehr rechtswidrige, sondern nur noch schuldhafte Handlung[40].

b) Der finalistische Systemansatz

Im Gegensatz zur bereits in der Entstehung gescheiterten naturkausalen Theorie des Versuchs, die — wissenschaftshistorisch zwischen der älteren objektiven und der subjektiven Theorie liegend — nur mittelbar aus Indizien erschlossen werden kann[41], finden wir in der

---

[35] A. a. O., S. 64; vgl. auch S. 57, 58. STÖGER vertritt zwar keineswegs die subjektive Theorie, seine Ausführungen erleuchten das Problem aber deutlicher als jedes Reichsgerichtszitat.

[36] FRANK, § 43 II 2 b; vgl. z. B. RG 54, 35 (36); 59, 157.

[37] An die sich das RG auch nicht immer gehalten hat, vgl. z. B. RG 51, 341; 59, 157; vgl. z. Probl. der zunehmenden Subjektivierung der Grenzziehung KOHLRAUSCH-LANGE, Vorbemerk. II 5 vor § 43 m. Nachw.

[38] Vgl. zum Problem der Abgrenzung zwischen Ordnungswidrigkeit und Kriminaldelikt REINH. v. HIPPEL, S. 443, 457 f. m. Nachw.; ferner MICHELS mit ausführl. Bibliographie.

[39] Arg. § 44.

[40] ZStW 63, 316; vgl. dazu OEHLER, Zweckmoment, S. 21 nebst Anm. 41. — Auf die erst nach Abschluß des Ms. erschienene eindringliche Kritik SPENDELS an der subjektiven Theorie (NJW 65, 1881 ff.) kann in dieser Arbeit nicht mehr eingegangen werden.

[41] Vgl. o. b. Anm. 19.

sogenannten finalen Handlungslehre[42] ein vollausgebildetes kategoriales[43] System: Grundlage des Verbrechensbegriffs ist für diese Lehre nicht die *strafbare* Handlung, sondern die ihrer Finalstruktur nach der Norm ontologisch vorgegebene vorsätzliche Handlung[44].

Für *Welzel* ist die „Finalität ... ein ebenso *ontologischer* Begriff wie die Kausalität. Sie ist keine Erfindung irgendeiner Theorie, sondern ein gegenständliches Strukturgesetz des Seins, und zwar des menschlichen Handelns. Sie kann nicht *er*funden, sondern nur *gefunden* werden ...[45]". „Daß die Behauptung vom Bestehen bleibender Strukturen, an die auch der Gesetzgeber gebunden ist und die er nicht ändern kann, eine der Grundthesen der finalen Handlungslehre ist", hat *Welzel* jüngst[46] noch einmal bekräftigt. So wird dem Juristen beim Handlungsbegriff die Frage nach der „Wahrheit als Übereinstimmung der Erkenntnis mit ihrem Gegenstande[47]" angelastet. Einmal sind die „sachlogischen Strukturen" logisch nicht verifizierbar[48], zum anderen ist aber auch zu fragen, ob — die Wahrheit des *Welzel*schen Handlungsbegriffs einmal unterstellt — die Jurisprudenz insofern an die Wahrheit oder nur die Richtigkeit gebunden ist[49]. *Welzel* hat richtig erkannt, daß es darum geht, wie weit die Strafrechtswissenschaft „Bleibendes" oder „Vergängliches" zugrunde zu legen hat. Kategoriale Systeme[50] sind immer „perfekt" und bedürfen als solche der Recht-

---

[42] Da es an dieser Stelle nicht um historisch bestimmte Systeme, sondern um die Brauchbarkeit eines bestimmten Systemansatzes für unser Problem geht, wird im folgenden nur das „reine" System WELZELS exemplifiziert. Die z. T. erheblichen Abweichungen in den Systemen z. B. von GALLAS und MAURACH interessieren in diesem Zusammenhang insofern nicht, als sie Folgen von Modifizierungen des reinen Systemansatzes sind.

[43] Vgl. WELZEL, Handlungslehre, S. 7 ff.; vgl. z. Problem: kategoriale oder teleologische Systeme RADBRUCH, Systematik, S. 160 f.

[44] Die Wiedergabe ist insofern ungenau, als für WELZEL Handlung und Unterlassung durch den Oberbegriff des Verhaltens verklammert sind (vgl. z. B. Lehrbuch § 7, II; § 25, I). Dieser hat aber nur „architektonisch-ästhetischen Wert" (ROXIN, ZStW 74, 517), der wiederum dadurch eingeschränkt wird, daß WELZEL seit der 7. Aufl. seines Lehrb. im Anschluß an ARMIN KAUFMANN (Dogmatik, S. 190 ff.) Teilnahme an Unterlassungen ausschließt und damit die Symmetrie im System aufgegeben hat. Die Verkürzung um die unvorsätzliche Handlung in WELZELS System rechtfertigt sich aus der dort angenommenen Straflosigkeit der versuchten Fahrlässigkeitstat.

[45] Handlungslehre, S. 7, vgl. a. Naturrecht, S. 197 f., und öfter.

[46] Vom Bleibenden, S. 6.

[47] ENGISCH, Wahrheit, S. 5.

[48] Nachgewiesen von KLUG, Handlungsbegriff, insbes. S. 47 ff.; vgl. a. ENGISCH, Konkretisierung, S. 119.

[49] Vgl. ENGISCH, Wahrheit.

[50] Kategoriale Rechtssysteme im allgemeinen gehen von obersten Begriffen aus, die als dem Rechte apriorisch vorgegeben angenommen werden. Mit kategorialen Strafrechtssystemen meinen wir insbesondere solche, die

fertigung durch das „Bleibende". Umgekehrt wird zwar ein auf „Vergänglichem" aufbauendes teleologisches System[50] sich vom kategorialen Standpunkt aus als fragmentarisch erweisen[51], braucht gerade deshalb aber durchaus nicht kategorial verfehlt zu sein, indem es etwa „Nicht-Handlungen" poenalisiert. Der Streit geht also weniger um den Inhalt des Handlungsbegriffs als solchen, sondern um dessen rechtliche Relevanz für andere Systeme. Diese könnte z. B. vom teleologischen Systemansatz aus gesehen nur dadurch nachgewiesen werden, daß ein Abweichen vom „ontologisch vorgegebenen" Handlungsbegriff unzweckmäßig sei. Daß der teleologische Handlungsbegriff aber zu kategorial unvertretbar engen oder weiten Feldern der Strafbarkeit führe, ist von *Welzel* bisher nicht behauptet worden. Ein solcher Vorwurf ist auch prinzipiell ausgeschlossen, denn einmal bewahrt das Schuldprinzip vor kategorial nicht vertretbarer Imputation, zum anderen trägt die Verantwortung für kategoriale oder teleologische Strafbarkeitslücken in erster Linie der Gesetzgeber und nicht dessen Interpret. Abweichende Ergebnisse verschiedener Interpretationssysteme demonstrieren zunächst nur deren verschiedenen instrumentalen Wert, und eine falsche oder unzweckmäßige Interpretation etwa in der Rechtsprechung begründet als Teil der Sozialwirklichkeit im gewaltenteilenden Staat u. U. die Notwendigkeit gesetzgeberischer Entscheidungen[52].

Bereits an dieser Stelle muß eine doppelte Auseinandersetzung mit der finalen Handlungslehre einsetzen:

Die wissenschaftliche Kontroverse geht überhaupt nicht um die Frage, ob das vorsätzliche Delikt zweckgerichtete Handlung oder bloße Schadensverursachung ist[53], sondern darum, ob ein kategoriales Strafrechtssystem überhaupt möglich ist. Dieses rein *methodologische*

---

vom Handlungsbegriff her aufbauen (übereinstimmend RADBRUCH in Frank-Festgabe, S. 160). Bei ihnen besteht die Gefahr, daß in ihrem Zusammenhang erforschbare rechtliche Probleme spekulativ gelöst werden. Konsequent durchgeführt, zerstören sie die unser gesamtes Strafrecht tragende Antinomie von Schuld und Erfolg, die z. B. bei WELZEL mit dem „personalen Handlungsunwert" überspielt wird. — Demgegenüber setzen die teleologischen Strafrechtssysteme erst a posteriori (nach der juristischen Erfahrung) ein und gehen von der mit Strafe bedrohten Handlung, also dem jeweiligen Tatbestand des Besonderen Teils aus (vgl. RADBRUCH, a. a. O.).

[51] Vgl. dazu unten sub III.

[52] Vgl. z. B. REINH. v. HIPPEL, S. 459: der dortige Vorschlag de lege ferenda ist überhaupt erst verständlich auf dem Hintergrund einer falschen Interpretation des Gefährdungsvorsatzes durch die Rechtsprechung (dazu a. a. O. S. 446 ff.).

[53] Was die traditionelle Lehre ernsthaft nie behauptet hat.

*Problem*[54] kann in einer thematisch so eng begrenzten Arbeit nicht behandelt werden.

Auch die Finalität ist sowohl philosophisch als auch anthropologisch keineswegs unproblematisch[55]. Schon bei der Fahrlässigkeit, Unterlassung[56] und den Automatismen[57] wird die Verknüpfung mit der Finalität recht formal und schließlich bei vorsätzlichen zweckfreien Sinnhandlungen wie Spielen[58], Sport, Ritus, Kunst, reiner Wissenschaft vollends unmöglich. So unbestreitbar dem Menschen die Möglichkeit finaler Überdetermination wesentlich ist, so wenig ist er nur animal rationale[59]. Gerade die der finalen Handlungslehre immanente Ver-

---

[54] Vgl. dazu insbes.: RADBRUCH, Systematik; LANGE, ZStW 65, 98, sowie den hervorragenden Beitrag von ROXIN, ZStW 74, 515 ff., insbesondere S. 524 ff., 530 f., 547 ff. Auf weitere Literaturhinweise wird verzichtet, weil bei dem bis in die allgemeine Wissenschaftslehre reichenden Problem nur eine umfangreiche Spezialbibliographie nicht willkürlich wäre. Wenn z. B. WELZEL schreibt: „Eine wissenschaftliche Theorie kann doch nur richtig oder falsch sein, und hierüber entscheidet das sachliche Erkennen" (Strafrechtsprobleme, S. 3), so muß schon dieser Satz angesichts mehrwertiger Logiken und der Notwendigkeit, selbst in der formellen Logik das Bezugssystem anzugeben (vgl. z. B. BOCHENSKI, S. 49) in Frage gestellt werden.

[55] Die nachstehende Kritik beschränkt sich auf WELZELS Deutung der Finalität als bewußte und willentliche Überdetermination, bei der also Telos und Vorsatz identisch sind. Auf deren philosophische Grundlagen kann hier nicht eingegangen werden; vgl. aber z. B. THURE v. UEXKÜLL, S. 94 ff. („Die Mißverständnisse über den Zweckbegriff und ihre Konsequenzen"; „Das psychologische Argument und die Verwechselung von Zweck und Vorsatz"): „So lange man nur Zwecke im Auge hat, die wir uns bewußt setzen, haben wir es in Wahrheit noch gar nicht mit Zwecken zu tun, sondern mit dem, was die Sprache als ‚Vorsatz' bezeichnet. Vorsatz und Zweck sind aber keineswegs dasselbe: Was ich mir vorsetze, dient einem Zweck, setzt ihn also voraus ..." (S. 96 f.).

[56] Vgl. dazu ARMIN KAUFMANN, Dogmatik; ferner ROXIN, Kritik, S. 531.

[57] Gehen, Autofahren usw.; WELZELS Erklärung, Lehrb. § 21, insbes. S. 137 ist eher systematisch-konstruktiv als ontologisch.

[58] Vgl. z. B. HUIZINGA, S. 43: „Man spielt ein Spiel. Mit anderen Worten: um die Art der Tätigkeit auszudrücken, muß der im Substantiv enthaltene Begriff wiederholt werden, um das Verbum zu bezeichnen. Das bedeutet allem Anschein nach, daß die Handlung von so besonderer und selbständiger Art ist, daß sie aus den gewöhnlichen Arten von Betätigung herausfällt: Spiel ist kein Tun im gewöhnlichen Sinne."

[59] Vgl. z. B. HADAMIK, S. 19: „Unser Tun wird meist, je nach der individuellen Stimmungsfähigkeit, durch Gefühle bestimmt; daneben gibt es Handlungen, die auf Überlegung beruhen. Dort, wo Reflexionen das Handeln lenken, greift die Einsicht ein, die den Willen zum Handeln oder Nichthandeln bestimmt. Das sind im großen und ganzen recht wenige Fälle, denn die meisten Delikte erfolgen ohne Reflexionen." Auf die sich daraus für den Vorsatzbegriff ergebenden Probleme kann hier nicht eingegangen werden.

engung der Handlungsbezüge legt den Gedanken nahe, daß ihr — wie schon dem Menschenbild der Aufklärung — letztlich das Postulat der Verstehbarkeit allen menschlichen Handelns zugrunde liegt. Wie die Kausalität kann aber auch die Finalität als Postulat aufgefaßt werden. *Dieses behauptete dann nicht die Unmöglichkeit, sondern nur die Unbegreifbarkeit nicht-finalen Handelns*[60]. Auch diese Fragen können hier nicht weiter vertieft werden.

c) Das Unrecht

Der kategoriale Systemansatz hat für *Welzels* Unrechtslehre weitgehende Konsequenzen[61]: Wenn die Handlung nicht teleologisch vom Tatbestand bestimmt wird, sondern ontologisch als finale vorgegeben ist, so gehört der Vorsatz zum Tatbestand. Dieser Aufbau des Verbrechensbegriffs ist aber nur dann sinnvoll, wenn der Vorsatz das Unrecht konstituiert: in einem mehrdimensionalen Verbrechensbegriff, der im Unrecht von der Schuld abstrahiert, ist der Vorsatz nur für den Sachverhaltsunwert, nicht aber für den Erfolgsunwert erheblich. Rechtsgüterschutz bedeutet dann „Verhinderung der Sachverhalts- oder Erfolgsunwerte durch Poenalisierung der Aktunwerte[62]". „Die zentrale Aufgabe des Strafrechts liegt also darin, durch Strafdrohung und Strafe für den wirklich betätigten Abfall von den Grundwerten rechtlichen Handelns die unverbrüchliche Geltung dieser Aktwerte sicherzustellen. Indem das Strafrecht so den wirklichen Abfall von den rechtlichen Gesinnungswerten bestraft, schützt es zugleich die *Rechtsgüter*, auf die jene Aktwerte bezogen sind, ... Dennoch ist die primäre Aufgabe des Strafrechts nicht der aktuelle Rechtsgüterschutz, also nicht Schutz der individuellen Person, ihres Eigentums usf. Denn dazu kommt es gerade dort, wo es real in Aktion tritt, regelmäßig zu spät. Wesentlicher als der Schutz der konkreten einzelnen Rechtsgüter ist die Aufgabe, die reale Geltung (Befolgung) der Aktwerte rechtlicher Gesinnung sicherzustellen; sie sind das stärkste Fundament, das den Staat und die Gemeinschaft trägt. Bloßer Rechtsgüterschutz hat bloß eine negativ-vorbeugende, polizeilich-präventive Zielsetzung. Die tiefste Aufgabe des Strafrechts dagegen ist positiv-sozialethischer Natur: Indem es den wirklichen betätigten Abfall von den Grundwerten rechtlicher Gesinnung verfemt und bestraft. ... Während sich die Erkenntnis, daß eine Aufgabe des Strafrechts im Rechtsgüterschutz besteht, allgemein durchgesetzt hat, ist dies bezüglich der sozialethischen Funktion des Strafrechts nur ungenügend der Fall. Dies wirkt

---

[60] Vgl. Hessen, insbes. S. 264 (zur Kausalität).

[61] Verf. weist ausdrücklich darauf hin, daß die folgenden Verknüpfungen keineswegs historisch-genetisch Welzel unterstellt werden; sie sollen lediglich logische Zusammenhänge erhellen.

[62] Lehrbuch, S. 2, vgl. a. S. 4.

sich in einer Überbetonung der Erfolgsseite und einer damit unvermeidlichen Utilitarisierung des Strafrechts aus. Recht oder Unrecht einer Handlung bestimmen sich nach dieser Auffassung nach dem Grade ihrer Sozialnützlichkeit oder Sozialschädlichkeit. Das hat nicht nur eine starke Utilitarisierung, sondern auch eine starke Aktualisierung der Wertbeurteilung zur Folge: Der aktuelle Nutzen oder Schaden des Handlungserfolges bestimmen den Wert der Handlung. Dabei wird übersehen, daß es dem Strafrecht weniger auf das *aktuelle* positive Ergebnis der Handlung, als auf die bleibende positive Handlungs*tendenz* der Rechtsgenossen ankommen muß. Die *Achtung* vor den Rechtsgütern (also die Geltung der Aktwerte) zu sichern, ist wichtiger, als im aktuellen Einzelfall ein positives Ergebnis zu erreichen. ... Durch die umfassendere sozialethische Funktion des Strafrechts wird der Rechtsgüterschutz tiefer und stärker gewährleistet, als durch den alleinigen Güterschutzgedanken[63]."

Bei dieser Umschreibung des Unrechts scheint uns in erster Linie bemerkenswert, daß *Welzel* zwar die deliktische Handlung zweckbezogen (final) auffaßt[64], nicht aber die gesetzgeberische Poenalisierung des Verbrechens[65]. Der Rechtsgüterschutz „durch Poenalisierung der Aktunwerte[66]" ist bei *Welzel* eine Folge seiner kategorialen („ontologischen") Handlungslehre, nicht aber kriminalrechtlicher Überlegungen[67], die als „Utilitarisierung des Strafrechts[68]" abgetan werden. In dem Verlust eines wesentlichen Stückes der Rationalität im Strafrecht liegt zugleich die Preisgabe einer wesentlichen rechtsstaatlichen Garantie: der überkommene Rechtsgutsbegriff wird aufgelöst[69] zugunsten eines umfassenden Rechtsguts „rechtstreue Gesinnung" oder „faktischer Geltung des Rechts[70]".

Rechtsstaatlich ist die „personale Unrechtslehre" unbedenklich, solange die Rechtsfolgen nur an konkrete Tatbestände knüpfen, denen sich Rechtsgüter im traditionellen Sinne zuordnen lassen[71]. Dagegen scheint uns, daß *Welzel* dem Strafrecht Funktionen anderer Rechtsgebiete zuweist: Die sozial-ethisch werthaften Akte werden bereits von

---

[63] WELZEL, Lehrbuch, S. 2f.

[64] Lehrb. § 8 und öfter.

[65] Vgl. dagegen den abweichenden Wortgebrauch bei RADBRUCH, Systematik, S. 160 Z. 1.

[66] Lehrb., S. 2.

[67] Vgl. dagegen BIERLING, I, S. 19.

[68] WELZEL, Lehrb. S. 2f.

[69] WELZEL, ZStW 58, 514f.

[70] Seine Preisgabe beim Versuch durch das RG nahm diesem Schritt das Revolutionäre. Deshalb ist es gleichsam auf dem Hintergrund des objektiven Zeitgeistes gerechtfertigt, die subjektive Theorie geistesgeschichtlich als Vorläufer der personalen Unrechtslehre aufzufassen. Eine historischgenetische Abhängigkeit wird dagegen keineswegs behauptet.

[71] Bei den Verletzungstatbeständen.

der gesamten, dem Strafrecht logisch vorgehenden Rechtsordnung gefordert, so weit diese an die Bürger adressiert ist. Erst wenn die übrige Rechtsordnung versagt hat, bedarf es des scharfen Schwertes des Strafrechts, das eben wegen seines potenzierten Zwangscharakters wesentlich nur auf Verhinderung von Erfolgsunwerten gerichtet sein kann[72]. Damit braucht die „sittenbildende Kraft des Strafrechts" (R. *Lange*) keineswegs geleugnet zu werden. Nur handelt es sich bei ihr um einen sekundären Sublimierungsprozeß[73], der dadurch ausgelöst wird, daß jedes Verbot unabhängig von seiner Befolgung einen Maßstab setzt. Darüber hinaus führt die Theorie des Gesinnungsverfalls zu Schwierigkeiten, wenn dem Täter ausreichendes Sozialgewissen noch gefehlt hat. Dann wird nicht mehr Tatschuld, sondern das So-Sein des Täters bestraft. Wird z. B. gem. § 315 c bestraft, nicht weil der Fahrer andere in Lebensgefahr gebracht, sondern weil er ohne ausreichende Sozialgesinnung am Verkehr teilgenommen hat, könnte man der Rechtsgemeinschaft als Träger der Souveränität venire contra factum proprium vorwerfen, weil vor Erteilung des Führerscheins zwar Kenntnis der StVO, regelmäßig aber nicht die Sozialgesinnung[74] geprüft wird.

d) Die Versuchsstrafe

Für eine vom Aktunwert aufbauende Unrechtslehre bietet das Fehlen des Erfolges beim Versuch an sich keine Probleme. Schon der Wille hat als Träger des Aktunwertes „für die Rechtsordnung ernsthaft gefährliche Bedeutung[75]", „der mit seiner Betätigung unmittelbar zur Verbrechensverwirklichung anzusetzen glaubt. ... Die Rechtsordnung in einem umfassenderen Sinne als eine das Volksleben gestaltende geistige Macht ... wird aber schon durch einen Willen verletzt, der Handlungen vornimmt, die er für eine taugliche Ausführungshandlung eines Verbrechens hält. Hier bewegt er sich nicht mehr in bloßen Vorbereitungshandlungen, sondern setzt unmittelbar zur Verbrechensverwirklichung an. Schon eine solche Handlung ist für die Rechtsordnung als gestaltende Ordnungsmacht unerträglich[76]". Die Übereinstimmung mit Gedanken der Aufklärung ist frappierend. So heißt es z. B. bei *Harscher v. Almendingen:* „Der Kriminalrichter will ja nicht die That, sondern den Willen zur That züchtigen. Das corpus

---

[72] Weiterführend die gedankenreiche Kritik OEHLERS, Zweckmoment, S. 67 f. nebst Anm. 7 m. Nachw.

[73] Vgl. dazu REINH. v. HIPPEL, S. 444 f.

[74] Nach BVerwG — VII C 103/62 — (NJW 64, 607 f.) ist sie lediglich zulässig, nicht aber vorgeschrieben.

[75] WELZEL, Lehrb. § 24 IV 1.

[76] Lehrb., S. 171. Für WELZEL ergibt sich die subjektive Theorie aus dem System, während sie für das RG die Lösung einer Systemwidrigkeit (vgl. zu dieser ZIMMERL, System, S. 134 sub e) bedeutete.

delicti sollte bloß in die Vollständigkeit des Willens zur That gelegt werden[77]." Was bei *Almendingen* als aus der historischen Situation zu verstehende überspitzt vorgetragene Forderung des Schuldprinzips zu verstehen ist, bedeutet heute als übermäßige Subjektivierung die Gefahr, mit der Tat den Täter zu verlieren. „Die finale Handlungslehre, klar durchgeführt, muß im Ergebnis einer subjektiven, vom verbrecherischen Willen und nur von ihm ausgehenden Verbrechensauffassung entsprechen[78]." Da beim Versuch der Erfolg als Brücke zum Rechtsgut fehlt[79], gelten hier die bereits dem RG gegenüber erhobenen Einwände[80].

Ein weiterer Mangel dieser Lehre liegt darin, daß nach ihr Teilnahme am Versuch und letzten Endes Teilnahme überhaupt begrifflich ausgeschlossen ist: der nach ihr zum Tatbestand gehörende Vorsatz ist Täterschaftsmoment auf Tatbestandsebene[81]. Das *personale* Unrecht ist als *personales* individuelles und als solches *unteilbar*[82]. Schon bei *Hälschner*[83] heißt es, es sei „falsch, wenn behauptet wird, die Theilnahme werde stets durch Aneignung einer fremden Absicht begründet, denn entweder verzichtet der Mensch auf die eigene Gestaltung der Absicht und ist er nur für eine fremde Absicht als solche thätig, oder er bildet sich die Absicht selbst, und dann ist sie seine eigene und nicht bloß eine angeeignete fremde, obwohl er sie unter dem intellektuellen Einflusse eines anderen Menschen gestaltete".

Obwohl sich die Versuchsprobleme aus den kategorialen Grundlagen des Systems folgerichtig lösen lassen, greift *Welzel* bei der Frage des abergläubischen Versuchs auf das teleologische Kriterium der *kriminellen Energie* zurück: „Immerhin gelten für das Unwertverhältnis zwischen dem untauglichen und dem tauglichen Versuch die gleichen Grundsätze wie für das Unwertverhältnis zwischen Versuch überhaupt und Vollendung ...: Wie die Größe der Tatverwirklichung grundsätzlich ein Maß für die Stärke des verbrecherischen Willens ist, so auch die Tauglichkeit des Versuchs innerhalb des Versuchsrahmens. Je tauglicher der Versuch, desto stärker ist grundsätzlich auch die verbrecherische Energie. Wo daher die Versuchshandlung jeden Boden der Realität verläßt, wie z. B. beim abergläubischen Versuch, da fehlt dem Willen grundsätzlich jede Strafwürdigkeit. Ein solcher Wille

---

[77] S. 69.

[78] Nowakowski, ZStW 63, 307; vgl. a. Germann, S. 369 am Ende.

[79] Vgl. o. sub c) bei Anm. 71.

[80] Vgl. o. sub 2 a).

[81] Vgl. Welzel, Lehrb. § 16 2.

[82] Vgl. dazu Lampe, S. 99: „Nicht der Vorsatz, sondern allein die Finalität gehört der erfolgsverursachenden Handlung zu; der Vorsatz ist ein Element allein der Subjektivität des Täters selbst." Ferner ders. ZStW 77 (1965), 262 ff. (272 ff.).

[83] S. 322 f.

kann die Realität des Rechts als geistiger Macht nicht erschüttern[84]." Der teleologische Gedankengang wird zugleich als irrational abgewertet: „In der Möglichkeit der Minderbestrafung des Versuchs kommt der Gedanke zum Ausdruck, daß bei der Tat, die im Versuchsstadium steckenbleibt, die verbrecherische Kraft des Willens grundsätzlich doch schwächer ist als bei einer Tatvollendung. In diesen Gedanken vermischen sich tief verwurzelte irrationale Anschauungen, daß zur vollen Tat doch auch der Erfolg gehört: Mörder ist eben nur, wer wirklich getötet hat[85]."

Weshalb die kriminelle Energie z. B. beim Einbruch in eine Apotheke, um ein zur Abtreibung untaugliches Barbiturat zu stehlen, geringer sein soll als bei einer Motorradgeländefahrt, ist nicht einzusehen, es sei denn, „kriminelle Energie" ist synonym für „aktuelle Willensgefahr". Dann enthält das Zitat eine Zirkeldefinition! Die Stelle bereitet auch noch wegen der weitgehenden Gleichsetzung von Wille und subjektiver Finalität der Handlung[86] Schwierigkeiten: Kommt es auf die objektive oder subjektive Gefährlichkeit des Willens an? Ist das „muß" hier ontologisch oder nomologisch (vor-) gegeben? usf. — Offenbar ist an dieser Stelle jedoch der Rechtsgutsgedanke stärker als das System.

## III. Teleologische Begründung der Versuchsstrafe

### *1. Bemerkungen zur teleologischen Systematik*

Wenn im folgenden eine teleologische Begründung der Versuchsstrafe unternommen wird, so setzt dies an sich den Nachweis nicht nur der Möglichkeit, sondern der Notwendigkeit oder zumindest Zweckmäßigkeit eines teleologischen Strafrechtssystems[87] voraus. Da es unmöglich ist, auf diese Vorfrage hier auch nur näher einzugehen, muß Verf. sich mit dem Hinweis begnügen, daß es in der heutigen deutschen Strafrechtswissenschaft[88] mit Ausnahme der strengen Finalisten[89] nur noch überwiegend teleologische Strafrechtssysteme[90] gibt[91].

---

[84] Lehrbuch S. 173 f.

[85] Lehrbuch, S. 170; die in der vorigen Anmerkung nachgewiesene Textstelle verweist ausdrücklich auf diese.

[86] Z. B. Lehrb. S. 29 oben.

[87] Vgl. dazu RADBRUCH, Systematik, insbes. S. 162 ff.

[88] Grundlegend für das Strafrecht insbes.: HEGLER, a. a. O.; GRÜNHUT, „Begriffsbildung", „Methodische Grundlagen"; RADBRUCH, Systematik; SCHWINGE, Teleol. Begriffsbildung; MITTASCH, Wertbeziehendes Denken, dazu die Rezensionen von E. WOLF, SCHAFFSTEIN und TESAR, a. a. O.; zur heutigen Situation vgl. z. B. LANG-HINRICHSEN, JZ 1953, 362 ff. (366 r. Sp.).

[89] WELZEL, ARMIN KAUFMANN: obwohl auch diese Systeme keineswegs rein kategorial sind, vgl. dazu z. B. o. sub II 2 d), vgl. ferner insbes. ROXIN, Kritik, S. 535 ff.

Wenn *Wieacker* die teleologische Auslegung und Begriffsbildung in der Strafrechtsdogmatik unter der Überschrift „Der juristische Naturalismus" behandelt und „diese methodische Richtung" als „Schülerin des südwestdeutschen Neukantianismus ..." auffaßt, die „mit dem Siege des Naturalismus enden muß[92]", so hat er historisch-genetisch sicherlich recht. Dagegen ist die von ihm aufgedeckte Verbindung zum Neukantianismus und damit der „Sieg des Naturalismus" gerade im Strafrecht keineswegs zwingend. Begreifen wir das Strafrecht als ultima ratio des Rechts, als Rechtswerte nicht schaffend, sondern nur schützend, so entscheidet sich die Frage der Analogie zur Interessenjurisprudenz erst am Rechtsgutsbegriff: Versteht man unter Rechtsgut lediglich die Angriffsobjekte als Einzelinteressen, so ist die ganze „Richtung" sicherlich dem Naturalismus verfallen. Daran änderte sich prinzipiell auch dann nichts, wenn das Einzelinteresse auf der Ebene der volonté générale zum Gemeinschaftsinteresse aufgewertet wird. Dann wäre es z. B. richtig, den Schutz von Schrebers Kaninchen vor fremden Zugriff durch § 242 StGB als Ausdruck einer bourgeoisen Gesellschaftsstruktur aufzufassen, wie es der Marxismus lehrt. Wird dagegen zwischen Rechtsgut — als Rechtswert der Rechtsidee zugeordnet — und Angriffsobjekt als Substrat des Rechtsgutes unterschieden[93], so ist der Umfang der Norm von Zweck- und Wertgrenzen[94] zu bestimmen. Das häufige Zurückbleiben der Zweckgrenzen hinter der Wertgrenze ist dann nichts anderes als Bekenntnis des fragmentarischen Charakters des Strafrechts, Absage an strafrechtlichen Rigorismus. Hierher gehört auch der Toleranzgedanke, daß die Möglichkeit zum Bösen als Möglichkeit menschlichen Seins letzten Endes von jedem einzelnen zu bewältigen ist[95]. Auf Hegels dialektische Bestimmung der Strafe läßt sich noch ein Fach aufsetzen: so wie der Täter ein Recht auf Strafe hat, kann auch die Gemeinschaft ein Recht haben, ihm diese vorzuenthalten. Darin liegt keineswegs ein moralisch indifferenter „Liberalismus", sondern nur die Einsicht in die Grenzen des Rechts

---

[90] Daran ändern kategoriale Ansätze bei Einzelfragen (z. B. beim Gefahrbegriff in § 315 a a. F. § 315 c n. F.; vgl. dazu Reinh. v. Hippel, S. 454 ff.), die dogmatisch als Systemwidrigkeiten und historisch als retardierende Momente anzusehen sind, nichts.

[91] „Nur Welzel und seine Anhänger ordnen den Handlungsunwert der Rechtsgutsverletzung über", Franzheim, S. 63 m. Nachw.

[92] S. 343.

[93] Vgl. ausführlich Kohlrausch-Lange, Systemat. Vorbemerk. III 1; vgl. a. Frank, Einl. IV: die rechtsstaatliche Garantiefunktion des Rechtsgutes zeigt gerade seine Kritik an dieser Deutung des Schutzobjektes (S. 6); zur Unterscheidung zwischen Schutzobjekt und Angriffsobjekt s. S. 7 m. Nachw.

[94] Vgl. dazu Würtenberger, S. 16 f.

[95] So kann z. B. die Strafe immer Vergeltung sein, ob sie zur Sühne führt, entzieht sich bereits dem Recht.

und seiner Bewahrer. Der Ausgang vom fragmentarischen Charakter des Strafrechts erlaubt dann auch die Antithese des quia peccatum est und des ne peccatur zur Synthese zu führen: Die Tatvergeltung wird in der pluralistischen Rechtsgemeinschaft gerechtfertigt durch den Rechtsgüterschutz, der im einzelnen Minderheitenschutz sein kann. Das quia peccatum est enthält die rechtsstaatliche und noologische Garantie; der Zweckgedanke bewahrt vor rechtlichem Rigorismus und erscheint als Garant der im säkularen Staat notwendigen Toleranz[96].

### 2. *Grundbegriffe der teleologischen Strafrechtssysteme*

Aus der Wahl des teleologischen Systemansatzes folgt lediglich die Zweckgerichtetheit des Strafrechts, nicht aber ein inhaltlich näher bestimmter Zweck. Da alle heutigen teleologischen Strafrechtssysteme vom Zweck des *Rechtsgüterschutzes*[97] [98] ausgehen, braucht auf das Problem des Zweckes nicht näher eingegangen zu werden. Diesem werden regelmäßig die Begriffe „Rechtsgut[99]" und „krimineller Gehalt[100]" zugeordnet.

Wenn das Strafrechts*system* vom Schutz*zweck* aufgebaut werden soll, so ist ihm das Schutz*objekt* transzendent[101]. Das Strafrecht schafft also nicht Rechtsgüter, sondern setzt sie voraus[102]. Aber auch in seiner Schutzfunktion weist unser Strafrecht über sich selbst hinaus, denn es kann nicht eigenmächtig seinen Schutz den vorfindlichen Rechtsgütern

---

[96] Vgl. z. B. WERNER, insbes. S. 11 ff.; KAISER, S. 546, l. Sp.; HERING, a. a. O. Zur Reform vgl. b. DREHER, Probleme ... Folge 1, S. 1—2.

[97] Historisch ging der Schutzgedanke der Systemwahl voraus. Die Strafrechtsgeschichte ist nicht als logische Entfaltung der Disziplin, sondern nur als Ideengeschichte verstehbar. Die noch gepflogene Auseinandersetzung z. B. mit Feuerbach wäre sonst angesichts der modernen Logik ein unverständlicher Atavismus.

[98] Es kommt hier nicht darauf an, was darunter im einzelnen verstanden wird.

[99] Vgl. bereits v. LISZT, ZStW 6, 673 f.: „Es ist klar, daß mit dem ‚Rechtsgute' der Zweckgedanke seinen Einzug ... hält, daß die teleologische Betrachtung des Rechts beginnt und die formal-logische ihr Ende findet ..."

[100] Vgl. dazu grundlegend GRÜNHUT, Method. Grundl. S. 8 ff.; bei ihm bedeutet „Rechtsgut" allerdings nur „typisches Schutzbedürfnis", erscheint also als wertfreie Abstraktion der Angriffsobjekte.

[101] Darin liegt eine wesentliche rechtsstaatliche Garantie.

[102] Vgl. z. B. KOHLRAUSCH-LANGE, System. Vorbemerk. III. a. A. dagegen WELZEL, in dessen kategorialem System das umfassende und primäre Rechtsgut der rechtstreuen Gesinnung („personales Unrecht") gerade durch das Strafrecht geschaffen werden soll (vgl. dazu o. sub II 2 c, ferner ARMIN KAUFMANN, Binding, S. 69; daß „rechtstreue Gesinnung" eine rechtliche Wertung voraussetzt, kann nicht bezweifelt werden). Sein Rechtsgutsbegriff ist deshalb notwendig ein naturalistischer.

zuerteilen[103]. Es bedarf vielmehr eines eigenen Rechtssetzungsaktes, und erst durch das Zuweisen des ersten zu schützenden Rechtsgutes wird ein geltendes Strafrecht geboren. Deshalb sind die Tatbestände des Besonderen Teils das logische prius des Systems[104].

### *3. Der Erfolg*

*In einem Strafrechtssystem, dem die Rechtsgüter vorgegeben und die Tatbestände des Besonderen Teils logisches prius sind, darf der Allgemeine Teil keine neuen Rechtsgüter einführen.* Die Versuchsbestimmung kann also nur den Umfang[105] des ihr schon vorgehenden Schutzes bestimmter Rechtsgüter verändern. Damit ist die Auffassung des Versuchs als Strafausdehnungsgrund[106] für das teleologische System zwingend nachgewiesen.

Alle Verbrechensbegriffe des Besonderen Teils, die durch die §§ 43 ff. erweitert werden, sind schon vor der Versuchsbestimmung selbständige Rechtssätze und normieren Verletzungstatbestände. Bei diesen ist das Rechtsgut gerade durch den Erfolg umschrieben und durch einen teleologischen Regreß zu erschließen. Ein *eigenständiger* Versuchserfolg ist im teleologischen System nicht denkbar, weil mit ihm notwendig ein neues Rechtsgut eingeführt würde. Das gilt nicht bei den Gefährdungsdelikten und Unternehmenstatbeständen, die eigenständige Delikte sind. Insbesondere ist bei den Unternehmenstatbeständen der „Versuch" nicht Strafausdehnungsgrund, *vielmehr erläutert § 87 lediglich den materiellen Umfang der einzelnen Unternehmensbegriffe.* Bei beiden Deliktsgruppen ist es deshalb methodisch legitim, schon aus der vorderen Schutzgrenze auf Rechtsgüter zu schließen. Bei den Gefährdungsdelikten kommt hinzu, daß regelmäßig die überschießende Innentendenz fehlt. Tritt sie als subjektives Unrechtselement hinzu[107], so liegt darin eine selbständige Qualifizierung, mit der neue Rechtsgüter eingeführt werden. Außerdem erlauben gerade die Gefährdungstatbestände den Schutz von Rechtsgüterallgemeinbegriffen[108].

---

[103] Vgl. Art. 103 II BGG; an sich ist ein solches Strafrecht z. B. als generelle Poenalisierung von Interessenverletzungen möglich. Ansätze dazu finden sich im durchaus materialen Grundsatz der „notwendigen Parteilichkeit" der Strafrechtspflege der SBZ.

[104] Binding schreibt im Vorwort seines Besonderen Teils: „Will ich den Allgemeinen Teil in meinem Handbuche so fördern, wie es meine wissenschaftliche Natur verlangt, so muß der Besondere Teil mir vorher noch viel mehr zu eigen werden, als er es mir vorher gewesen war." Das Ergebnis war ein dreibändiges Werk; allein zwischen Erscheinen des 1. (1. Aufl. 1896) und des 3. Bds. (1905) lagen zehn Jahre intensiver Forschung!

[105] Nicht auch die Art (Arg. § 44).

[106] Vgl. dazu o. sub I.

[107] Z. B. staatsgefährdende Absicht, vgl. § 94.

[108] Vgl. dazu ausführl. Reinh. v. Hippel, S. 456.

### 4. *Die Gefahr*

Die Vorverlegung der Schutzgrenze beläßt die Identität des Rechtsgutes, wenn sie im Hinblick auf die Verletzung bestimmt wird. Da diese realiter fehlt, kann sie in den Versuchstatbestand nur als mögliche oder wahrscheinliche eingeführt werden. Mögliche oder wahrscheinliche Verletzung aber heißt nach allgemeinem Sprachgebrauch Gefahr. Da das Gefahrurteil stets assertorisch ist[109], kann die Gefahr selbst sogar als *Erfolg* gedeutet werden[110]. Sie begegnet uns an vielen Stellen unserer Rechtsordnung: bei den Gefährdungstatbeständen, Unternehmensdelikten und dem Versuch im Strafrecht, in § 14 PVG ebenso wie bei der vorbeugenden Unterlassungklage, dem Feststellungsinteresse (§ 256 ZPO) usw.[111]; umgekehrt überall dort nicht, wo die Verletzung zum Tatbestand gehört, weil das *Verletzungs*urteil nur ein *problematisches* sein könnte[112]. Wir kennen sie in allen Abstufungen, vom blassen „denkbar[113]" bis zur furchterregenden Bedrohung[114]. Innerhalb dieses breiten Spektrums kann sie nicht als Quantität extensiv[115], sondern nur als Qualität[116] *relational* näher bestimmt werden. Die Gefahr ist also *normativer Rechtsbegriff*. Dieser ist zwar durchaus praktikabel und für den Rechtsbereich sogar unentbehrlich[117], er läßt sich aber nicht für die gesamte Rechtsordnung einheitlich festlegen[118]. Sein quale bezieht er vielmehr erst aus dem jeweiligen normativen Funktionszusammenhang.

---

[109] Vgl. z. B. Rabl, S. 42 m. Nachw. in Anm. 11; Reinh. v. Hippel, S. 455.

[110] Vgl. dagegen z. B. die den (falschen) naturkausalen Ansatz (normativ) einschränkende Formel „mit an Sicherheit grenzender Wahrscheinlichkeit" bei den unechten Unterlassungsdelikten. Ob sie materiell-rechtlichen (dann wäre die unechte Unterlassung möglicherweise Gefährdungsdelikt) oder prozessualen („jeden vernünftigen Zweifel ausschließende Gewißheit") Charakter hat, kann hier nicht weiter geklärt werden.

[111] Interessant wäre auch eine nähere Untersuchung über die ernstzunehmende, aber nicht ernst gemeinte Drohung bei §§ 240, 253 StGB.

[112] Z. B. bei den Erfolgsqualifizierungen, auch wenn diese mit äußerster Wahrscheinlichkeit zu erwarten sind; vgl. z. B. Olshausen, Nr. 12 zu § 224 m. Nachweisen.

[113] „Immerhin nicht außerhalb aller Erfahrung liegend."

[114] „Mit an Sicherheit grenzender Wahrscheinlichkeit."

[115] Obwohl wir alltäglich von „großer Gefahr" zu sprechen gewohnt sind.

[116] „Höchste Gefahr", „Lebensgefahr" (§ 223 a), „Gemeingefahr" (z. B. § 315 a a. F.), „erhebliche Gefahr" (§ 330 c), „Gefahr durch Verstoß gegen allgemein anerkannte Regeln der Baukunst" (§ 330), „Betriebsgefahr" (z. B. § 33 Luft VG), „Versicherungsrisiko" (z. B. § 6 II VVG) usw. Zum qualitativen Unterschied zwischen beendetem und unbeendetem Versuch, vgl. Goldschmidt, Versuch, insbes. S. 51.

[117] Die oben gegebene Aufzählung ist lediglich fragmentarisch.

[118] Vgl. dazu Dreher und Welzel in Niederschr. Bd. VIII S. 380, 383, 418, 421.

### 5. *Der Versuch als Rechtsgutsgefährdung*

a) Die Kausalität

Wie bereits gezeigt[119], kann die Gefahr nicht *natur-kausal* z. B. damit begründet werden, daß „mehrere, aber noch nicht alle Bedingungen für den Eintritt eines Schadens gegeben sind[120]" oder der Erfolg wegen des Eingreifens schadensverhütender Faktoren[121] ausgeblieben ist.

Die nachgewiesenen Wendungen entsprechen dem oben dargestellten Versuch einer kategorialen Versuchslehre nicht nur durch den Rückgriff auf die Kausalität, sondern insbesondere auch dadurch, daß in ihnen die Gefahr als Substanzbegriff erscheint. Ganz offensichtlich werden die „notwendigen, aber nicht hinreichenden *Bedingungen*" ebenso wie die „schadensverhütenden *Faktoren*" als „objektive Erscheinungen" gedacht, die „relativ konstante Ausgangs- und Angriffspunkte quantitativ bestimmbarer Wirkungen darstellen[122]". Dem entspricht es, wenn *v. Buri* bei der Darstellung der Äquivalenztheorie den Kraftbegriff verwendet[123]. „Sicher aber ist, daß wir in der *räumlichen Außenwelt* das Wirken von Kräften und das Hervorgehen von Wirkungen aus Ursachen nicht ‚erleben', sondern allenfalls dergleichen in anderweit festgestellte Kausalzusammenhänge per analogiam hineindeuten können[124]." Induktiv läßt sich zwar erschließen, ob die Gefahr kausal hervorgebracht worden ist, für den Gefahrbegriff selbst aber ist auf diesem Wege nichts zu gewinnen.

b) Die Adäquanz

Die Unergiebigkeit der Kausalität für den Gefahrbegriff gilt auch für die Adäquanztheorie, da jeder Kausalbegriff notwendig ein relationaler ist, der für das Kausalurteil nicht vom Erfolg absehen kann. Dennoch bedarf es näherer Auseinandersetzung mit dem Adäquanzgedanken[125], der keineswegs logisch mit der Kausalität verknüpft ist[126].

---

[119] Vgl o. sub II 1.

[120] DAHS, S. 1449 m. Rsprchnachw. zu § 315 a a. F.

[121] Vgl. z. B. Bay. ObLG in DAR 54, 115 zu § 315 a a. F.

[122] EISLER, S. 655.

[123] S. 1: „Einzelnkraft", „Summe dieser Kräfte"; vgl. dazu insbes. ENGISCH, Kausalität, S. 7 nebst Anm. 3, S. 19, 20 nebst Anm. 2 und 3 mit weiteren Nachweisen.

[124] ENGISCH, Kausalität, S. 20.

[125] Grundlegend J. v. KRIES, „Prinzipien"; „Möglichkeit"; „Wahrscheinlichkeit"; vgl. dazu ROB. v. HIPPEL, II S. 144 Anm. 1; ENGISCH, Kausalität, S. 41. Weiterführend insbesondere ENGISCH, „Kausalität" und „Weltbild", S. 110—140; OEHLER, „Zweckmoment". Eine kritische Darstellung der vielfältigen Ausformungen der Adäquanztheorie ist an dieser Stelle nicht mög-

*aa) Adäquanz und Kausalität*

Im (assertorischen) Kausalurteil werden *Naturgesetze* als Gleichförmigkeit des Geschehens und damit Identitäts- wie Kausalprinzip vorausgesetzt. Bereits das Verhältnis von Gesetz und Bewußtsein ist im letzten ein ungelöstes — und wohl auch unlösbares — Problem. Die statistische Wurzel der Adäquanztheorie bei *v. Kries*[127] deutet darauf, daß es im Grunde überhaupt nicht um die Kausalität, sondern um den Begriff des Naturgesetzes geht. Entsprechend kann in der Quantentheorie von primären Naturgesetzen nicht mehr auf Kausalität im Einzelfall geschlossen werden, weil diese dort nur noch statistisch gelten. Darüber hinaus ist der *Geltungs*bereich der einzelnen Naturgesetze auf die Systeme[128] der jeweiligen (naturwissenschaftlichen) Disziplin beschränkt und vom historischen Wissensstand der Disziplin in spezifischer Weise abhängig. *Der Kausalität im Recht eignet deshalb immer ein hypothetisches Moment*[129]. Darüber hinaus wird im Rechtsbereich im allgemeinen gar nicht mit echten *Naturgesetzen*[130], vielmehr weitgehend mit dem *Erfahrungs*wissen[131] der Richter gearbeitet[132], das die Naturgesetze verklammert und vergröbert. Dieses Verfahren setzt zwar allgemein Naturgesetze voraus, bedient sich aber lediglich bestimmter *Regeln*, „die sich vom strengen Gesetz dadurch" unterscheiden, „daß sie auch *Ausnahmen*" zulassen. „Eine Regel ist entweder *ein grundsätzlich nicht genau formulierbarer Zusammenhang* oder ein noch nicht endgültig formuliertes Gesetz[133]". Bei einem Verkehrsunfall z. B. als höchst komplexem Vorgang — im Gegensatz etwa zum Experiment des freien Falls — ist es nicht mehr praktikabel, ihn mittels bestimmter Naturgesetze erschöpfend dar-

---

lich. Im folgenden werden lediglich im Adäquanzgedanken anklingende Probleme so weit aufgewiesen, wie es nötig ist, um die für die Versuchsproblematik relevanten Zusammenhänge herauszulösen.

[126] Vgl. dazu z. B. Rob. v. Hippel, II S. 144, Anm. 1 und Engisch, Kausalität, insbes. S. 52 ff. (59) mit ausf. Nachweisen.

[127] Nachw. in Anm. 125; v. Kries war Physiologe! vgl. Rob. v. Hippel, II, S. 143 Anm. 3.

[128] In denen vielfach Kausalität durch den Funktionsbegriff ersetzt wird; vgl. dazu Engisch, Weltbild, S. 116 m. Nachw.

[129] So entsprachen z. B. die Kausalurteile in den Hexenprozessen durchaus dem damaligen Gesetzeswissen.

[130] Ein Strafprozeß wäre sonst ohne zahlreiche Sachverständige überhaupt nicht möglich.

[131] Vgl. z. B. Rob. v. Hippel, II, S. 428 sub 4. — Deduktion und Induktion treten dann in Wechselbeziehung.

[132] Nicht nur beim prima-facie-Beweis, der aber das hier Gemeinte besonders deutlich erhellt.

[133] Seiler, S. 222, vgl. a. S. 223, Sperr. v. Verf. — Schon die Medizin als rein empirische Disziplin arbeitet mit solchen Regeln, die uns Juristen als „Regeln der ärztlichen Kunst" vertraut sind.

zustellen[134]. Dementsprechend rekurrieren die Strafurteile auch weder bei der Sachverhaltsfeststellung, noch bei der Beweiswürdigung oder der Begründung der Schuld[135] auf Naturgesetze; vielmehr knüpfen sie an die auch durch naturgesetzliches Denken geschulte[136] Lebenserfahrung an.

Selbst wenn man einmal einen gesicherten Gesetzesbegriff und ein Naturgesetz unterstellt, dessen Geltungsbereich den konkreten Erfolg umfaßt, so wird weder das Naturgesetz noch die Kausalität unmittelbar erlebt[137]. Vielmehr wird aus der raum-zeitlichen Nähe unter Verwertung des Erfahrungswissens und möglichst weitgehendem Ausschluß anderer Kausalfaktoren und Gesetze[138] auf die Kausalität per analogiam geschlossen. Das darin liegende hypothetische Moment bezieht sich nicht mehr auf die Kausalität, sondern auf das Kausal*urteil*. Auch dieser Zusammenhang scheint uns in der Adäquanztheorie anzuklingen.

### *bb) Adäquanz und Gefahr*

Im Mittelpunkt des strafrechtlichen Interesses an der Adäquanztheorie hat von jeher die Frage gestanden, wie weit sie geeignet ist, den theoretisch ad infinitum durchführbaren kausalen Regreß nach objektiven Kriterien sinnvoll einzuschränken. Das Kausalurteil soll nach *v. Kries*[139] davon abhängig sein, „ob der Zusammenhang ... mit dem Erfolge ein zu verallgemeinernder oder nur eine Eigentümlichkeit dieses Falles ist, ob das Moment ... allgemein geeignet ist, eine *Tendenz*[140] besitzt, einen Erfolg solcher Art hervorzubringen, oder ob es nur in zufälliger Weise die Veranlassung desselben geworden ist". Die „allgemeine Eignung" ist dabei nichts anderes als ein Wahrscheinlichkeitsurteil, das sich zumindest regelmäßig „auf die Bekanntschaft mit ‚typischen' Zusammenhängen zwischen Verhalten und Erfolg[141]" gründet. „Bei alledem ist der offenbar zentrale Begriff der Wahrscheinlichkeit *objektiv* zu verstehen: als ein bestimmter Grad objektiver Möglichkeit und zwar muß ... schon ein geringer Wahrscheinlichkeitsgrad ... genügen, um Adäquanz anzunehmen[142]." Dieser Begriff der Adäquanz ist höchst komplexer Art und bedarf näherer Untersuchung.

---

[134] Wobei vom menschlichen Verhalten sogar abgesehen werden kann.

[135] Im prozessualen Sinne.

[136] Diese Schulung ist notfalls durch einen Sachverständigen im Prozeß nachzuholen.

[137] Vgl. o. bei Anm. 124.

[138] Dem entspricht prozessual der Grundsatz der freien Beweiswürdigung und die Formel: „mit an Sicherheit grenzender Wahrscheinlichkeit".

[139] Möglichkeit, S. 200 f.

[140] Hervorhebung v. Verf.

[141] ENGISCH, Kausalität, S. 45.

[142] ENGISCH, a. a. O. m. Nachw.

Durch das Korrektiv der „allgemeinen Eignung“ wird das oben[143] nachgewiesene hypothetische Moment entscheidend abgeschwächt. Es begegnet uns in der Literatur in verschiedenen Systemen, z. B. als „Tendenz[144]“, „objektives Zweckmoment[145]“, „objektive Finalität[146]“ oder „Gefahr[147]“. Allen diesen Begriffen ist eigentümlich, daß sie zugleich normativ wie deskriptiv verstanden werden können und müssen. Methodisch entspricht dies unserem Gesetzgebungsverfahren, Wertentscheidungen[148] beschreibend auszudrücken, eine Methode, die ergänzende Wertungen in der Rechtsanwendung nötig macht[149]. Durch sie wird Satzungsrecht erst praktikabel und materielle Gewaltenteilung möglich[150].

Funktional leistet diese Seite der Adäquanz die Beschränkung der Auslegung auf den Deliktstypus der Verbrechensbegriffe des Besonderen Teils[151] [152]. Da der Deliktstatbestand in einem Satzungsrecht als abstrakter niemals echt real-deskriptiv sein kann[153], sind die sogenannten deskriptiven Tatbestandsmerkmale relativ unbestimmte *Rechtsbegriffe*[154]. In einfachen („besonders typischen“) Fällen kann

---

[143] sub aa).

[144] v. KRIES, vgl. Anm. 139.

[145] OEHLER, Zweckmoment.

[146] Vgl. z. B. KOHLRAUSCH-LANGE, System. Vorbem. II B I.

[147] ENGISCH, Kausalität, z. B. S. 46, 47, 49 ff.; ROB. v. HIPPEL, II, S. 146 f., 430.

[148] HELLER, § 18.

[149] Vgl. z. B. HELLER § 19 m. Nachw.; KUNERT, S. 82 f.

[150] Ein der Deskriptionsthese genügendes Satzungsrecht erlaubte ebenso wenig eine Jurisdiktions*gewalt* (wohl einen Jurisdiktionsapparat; vgl. dazu die Nachw. z. Auslegungsverbot der Aufklärung bei ROB. v. HIPPEL, I, S. 276 nebst Anm. 4 u. S. 296 nebst Anm. 3), wie ein freies Richterrecht eine Legislative als eigenständige Staatsgewalt.

[151] vgl. ENGISCH, Kausalität, S. 61 f. m. Nachw.

[152] Wer ein Kind zeugt, tötet nicht, auch wenn dieses später einen Mord begeht und zwar unabhängig von der Frage der subjektiven Finalität. Wer ein Paar Schuhe aus einer Mülltonne mitnimmt, begeht objektiv keinen Diebstahl, auch wenn diese nur versehentlich in den Abfall geraten sind usw.

[153] Vgl. dazu z. B. RADBRUCH, Systematik, S. 166.

[154] „Zwischen bestimmten und unbestimmten Rechtsbegriffen besteht ... kein wesensmäßiger, sondern nur ein gradueller Unterschied“ (NIPPERDEY, S. 309 m. Nachw.); vgl. a. z. B. ERIK WOLF, Typen, S. 11; bei den sogenannten normativen *Tatbestands*merkmalen wird auf den Versuch einer deskriptiven Einkleidung verzichtet. — Die von WIEACKER diagnostizierte Gefahr des Abgleitens in den Naturalismus (vgl. o. sub III 1) geht deshalb u. E. auch nicht von der teleologischen Methode aus, sondern von einer bestimmten Auffassung der Rechtssätze und ihrer Geltung: Nach der Deskriptionsthese läßt „sich die Bewertung mit dem Wert rechtens auf Aussagen über die Wirklichkeit zurückführen“ (SCHREIBER, S. 81). Sie „nimmt also an, daß ein Sollenssatz nur der einfache Ausdruck für einen auch — in

unter die „Deskription" ohne weiteres subsumiert werden. Bedarf es der Auslegung, muß der teleologische Regreß auch auf die der unzureichenden Deskription zugrunde liegende Wertentscheidung zurückführen, er ist also logischer und axiologischer zugleich[155].

Die Unterscheidung der älteren objektiven Theorie zwischen absolut (abstrakt) und relativ (konkret) untauglichem Versuch hat als Auswahlkriterium gegenüber der Adäquanz den geringeren Funktionswert, weil sie durch ihre naturalistische Tendenz den axiologischen Regreß verbietet, ohne den die Teleologik beim Naturalismus enden muß[156]. Die axiologische Seite der Begriffsbildung wird im Strafrecht so leicht übersehen, weil sie sich überwiegend bei der Abgrenzung zwischen strafbarem und straffreiem Unrecht auswirkt und an solchen Stellen meist auch eine rein logische Entscheidung möglich ist. Diese versagt aber z. B. bei der Schuldtheorie im Bereich der Ordnungswidrigkeiten[157] oder beim Problem des Vermögensschadens im Betrugstatbestand. Weder die juristische noch die wirtschaftliche Theorie führt allein zu brauchbaren Ergebnissen. U. E. hat sich die Rechtsprechung zu Recht auf keine der Theorien festgelegt[158], sondern axiologisch entschieden unter logischer Begründung mit der jeweils „passenden" Theorie. Mangels einer Legaldefinition sind beide Theorien logisch zulässig. Der systematische *Begründungs*monismus ist weder

---

komplizierterer Weise — durch Seinssätze umschreibbaren Sachverhalt ist" (Fiedler, AcP 162, 515). Einmal hängt damit die Gleichsetzung von Geltung und Wirksamkeit (z. B. Schreiber, S. 76 ff.; vgl. dazu Fiedler, a. a. O.) zusammen, zum anderen wird die Forderung nach wertfreien Deliktsbegriffen unabweislich, durch die zweifelsfrei im Strafrecht eine der Interessenjurisprudenz korrespondierende Entwicklung ausgelöst würde. Da auf die philosophischen Grundlagen der Deskriptionsthese hier nicht eingegangen werden kann, mag der Hinweis genügen, daß der Versuch Belings und M. E. Mayers, wenigstens einen wertfreien objektiven Tatbestand zu schaffen, nach allgemeiner Ansicht gescheitert ist. Die Teleologik fiele nur dann unausweichlich dem Naturalismus anheim, wenn sie aus logischen Gründen ebenfalls Geltung und Effektivität gleichsetzen müßte. U. E. spielt für sie aber die Wirksamkeit rechtlich nur negativ eine Rolle, indem sie völlig unwirksame Poenalisierungen verbietet. Der fragmentarische Charakter des Strafrechts ist für sie unabdingbares Postulat. Darüberhinaus ist die Effektivität lediglich kriminalpolitisches Kriterium der Zweckmäßigkeit.

[155] Von daher ist auch die Schwierigkeit der Abgrenzung zwischen Auslegung und Analogie (vgl. dazu insbes. Sax, Analogieverbot; Heller, a. a. O.) und die Diskussion um das „Richterrecht" (vgl. dazu z. B. Arndt, Rechtsprechende Gewalt, m. Nachweisen) zu verstehen.

[156] Vgl. Wieacker, insbes. S. 343.

[157] Vgl. dazu insbes. Lange, JZ 56, 73 ff., 519 ff.; JZ 57, 233 ff.; weitere Nachweise Kohlrausch-Lange, System. Vorbem. IV 4; a. A. Welzel, JZ 56, 238 ff. und 57, 130 ff.

[158] Vgl. dazu z. B. Nagler, in Lpz. Komm. 7. Aufl. Vorbem. II 2 vor § 249; vgl. a. III ebda.

beim Problem des Unrechtsbewußtseins noch dem des Vermögensschadens tragfähig. Der „architektonisch-ästhetische Wert[159]" muß deshalb hinter dem der materialen Gerechtigkeit zurücktreten. Anstelle des *Begründungs*monismus tritt der *Gesetzes*monismus als Garant der Rechtssicherheit. Mit anderen Worten: *Im letzten entscheidet erst die Vereinbarkeit mit dem Gesetz, nicht schon die Einheitlichkeit des dieses deutenden Systems.* Solche Stellen sind im übrigen in jedem System nachweisbar und erscheinen dann vielfach unter dem Stichwort „Vereinigungstheorie[160]". In Umkehrung des *Jellinek*schen Begriffs könnte man an solchen Stellen von der „faktischen Kraft des Normativen" sprechen.

In der Beschränkung auf den Typus steckt aber nicht nur ein selektives, sondern zugleich auch ein prognostisches Element, das uns als nachträgliche Prognose bei der jüngeren objektiven Versuchstheorie[161] wiederbegegnet. Das Wahrscheinliche ist zugleich das Wiederholbare, Wiederholbarkeit nicht als Identität, sondern als Ähnlichkeit verstanden. Das steckt an sich schon in der Wahrscheinlichkeit, die nicht dieses oder jenes meint, sondern einen Spielraum von Möglichkeiten. Bezieht sie sich auf ein „Gewisses", so meint die Wahrscheinlichkeit dieses als Ausschnitt aus dem Spektrum, oder sie hört auf, Wahrscheinlichkeit zu sein. So stellt auch der Präventionsgedanke immer nur auf Ähnliches ab, denn Identisches kann man nicht prävenieren. Im gleichen Sinne ist auch jede Rechtsanwendung Analogie[162].

Darüber hinaus erlaubt die Adäquanz den real eingetretenen Erfolg als objektive Strafbarkeitsbedingung zu denken: er bestätigt die Typizität der Handlungsgefahr. Der Vorsatz ist dann als die dem objektiven Zweckmoment korrespondierende subjektive Finalität zu verstehen. Das ist deshalb so bedeutsam, weil der Vorsatz sich *reflektiv* niemals rechtlich erheblich auf den real eingetretenen Erfolg richten kann, denn dann wäre er dolus subsequens. *Intentional* dagegen kann er es, nur müßten dann z. B. die Fälle der aberatio ictus aus logischen Gründen straflos bleiben, weil sich der Täter den realen Erfolg gerade nicht vorgesetzt hatte. Diese Einordnung des Erfolges[163] erlaubt ein Erfassen der Bedeutung des Intentionalen, ohne die Verknüpfung mit der konkreten Tat aufzulösen[164], und auch die grundsätzliche Gleichstellung von Versuch und Vollendung in § 44 wird so verständlich.

---

[159] Roxin, Kritik, S. 517.

[160] Vgl. z. B. Jagusch in Lpz. Komm. Bem. D III am Ende vor § 242.

[161] Z. B. v. Liszt 21. u. 22. Aufl. = Ausg. letzt. Hand, S. 200; Rob. v. Hippel, II, S. 425 f.

[162] Vgl. dazu Sax, Analogieverbot, Zusammenfass. S. 152 ff.; Heller, § 26.

[163] Zu deuten als „ähnlicher", „wahrscheinlicher", „typischer" usw.

[164] Vgl. dagegen zu Welzel o. b. Anm. 70 f., nach Anm. 75 und b. Anm. 79 f.

Die Wiederholbarkeit hat neben der prognostischen auch noch eine doppelte selektive Funktion, und zwar sowohl auf Tatbestands- als auch auf Sachverhaltsebene: einmal ist das schlechthin Unwiederholbare *straf*rechtlich uninteressant[165], weil weder Strafdrohung noch Strafausspruch und -verbüßung rechtsgüterschützende Wirkung haben können. Diese teleologische Beschränkung drückt letzten Endes wiederum den fragmentarischen Charakter unseres Strafrechts oder die notwendig auf den Typus beschränkte Konkretisierung der Norm aus[165]. Entsprechend bezeichnet das Unwerturteil die Teilhabe an einer allgemeinen negativen Wertidee, ein Als-Sein, nicht aber das individuelle So-Sein[166]. Der Täter wird „als" Mörder, Dieb, Hehler verurteilt. Die Formel im Tenor, „X wird *wegen* ... verurteilt", sagt als Tat-Täterbeziehung nichts anderes aus. Das Individuelle erscheint nur in den Entscheidungsgründen und nur so weit, wie es den Typus ausfüllt. Insofern ist der Typus nicht nur Abstraktion, sondern auch Funktion.

Umgekehrt wird aber auch, sofern nur der Deliktstypus durch Wiederholbares materiell ausgefüllt ist, das ganz Besondere des Falles aus dem jeweiligen Verbrechensbegriff ausgeklammert, wodurch verfehlte Freisprüche[167] oder Konstruktionen[168] erschwert werden.

Verfassungsrechtlich gesehen ist die Adäquanz ein Begriff, der die Auslegung in besonderem Maße an das Gesetz bindet und zugleich durch die Objektivität der Tendenz die Rechtssicherheit garantiert. *Ihrem Wesen nach ist die Adäquanz also Auslegungsgrundsatz.*

Die Adäquanz ist als Auslegungsgrundsatz so allgemein, daß sie sich in gleicher Weise bei der vollendeten wie bei der versuchten Tat bewährt[169]. Versteht man sie dagegen materiell als Deliktsmerkmal, so zerfällt sie notwendig, um mit anderen Begriffen zu verschmelzen: Bei der Verletzung erscheint sie als Merkmal der Kausalität („adäquate Verursachung"), und beim erfolglosen Delikt wird sie zum

---

165 Weiterführend insbes. ENGISCH, Konkretisierung; HENKEL, Individualität.

166 Weitergehend (vom Symboldenken her): BRECHER, S. 229 mit weiteren Nachw. in Anm. 7.

167 Z. B. im Brüsseler Fall der Ermordung eines contergangeschädigten Kindes durch Mutter und Arzt; die „Tendenz" hat sich kurz darauf in Frankfurt wiederholt; vgl. „Tödl. Spritze für ein mißgeb. Kind", FAZ vom 1. 10. 1963, wiedergegeben b. Anm. 427.

168 Die Verurteilung Staschynskijs vom 19. 10. 1962 durch den 3. Strafsenat des BGH als Gehilfen (NJW 63, 355); die Wiederholbarkeit wurde wenig später im Kulmhofprozeß (Urteil des Schwurgerichts Bonn vom 30. 3. 1963) demonstriert: Obwohl die Angeklagten eigenhändig getötet hatten, und sich auch nicht auf Befehlsnotstand berufen konnten, wurden sie als Gehilfen verurteilt, weil sie „nur" die „Exekutive" der NS-Tötungsmaschinerie waren.

169 Vgl. ROB. v. HIPPEL, II, S. 146 f., 430; ENGISCH, Kausalität, S. 59.

Synonym für die Gefahr. Diese verschiedenen Inhalte erklären sich bei einem Auslegungsgrundsatz hermeneutisch aus den verschiedenen Funktionszusammenhängen, die im dogmatischen System jeweils besonders bezeichnet werden können. So hat z. B. die Adäquanz bei Verletzungsdelikten zur Lösung erkenntnistheoretischer Schwierigkeiten der Kausalität beizutragen und gleichlautend die Frage nach der strafrechtlichen Relevanz zu beantworten; bei den Gefährdungen — zu denen im teleologischen System auch die versuchten Verletzungen gehören — geht sie einerseits wiederum in das Kausalurteil über die Herbeiführung der gefährlichen Situation ein, andererseits erscheint sie im assertorischen Gefahrurteil bei der erfahrungsmäßigen Möglichkeit einer Verletzung und deren normativen Typizität (Relevanz). *Was* gefährlich ist, erweist sich jedoch immer erst in Hinsicht auf bestimmte Rechtsgüter und kann letzten Endes sogar erst beim konkreten Fall entschieden werden[170].

c) Die konkrete Gefahr

Wenn auch der *Maßstab* dadurch, daß auf Wiederholbarkeit und Erfahrung abgestellt wird, abstrakt ist, so kann doch das Gefahr*urteil* *abstrakt* oder *konkret* sein, je nachdem, ob es sich auf historisch bestimmte Zustände oder Vorgänge als typische oder auf den Typus selbst bezieht. Beim *verwaltungsrechtlichen* Gefährdungsdelikt drückt sich die Gefahr ohne konkrete Anknüpfung in der realen Außenwelt nur in der gesetzgeberischen Motivation aus[171], und ein konkretes Gefahrurteil gibt es nicht[172]. Die Adäquanz ist bei diesen Delikten dem Tatbestande transzendent. Die Verwaltungsdelikte sind deshalb insofern auch nur formell rechtswidrig[173]. Im *Kriminal*strafrecht kennt

---

[170] Entspr. z. B. Roxin, GA 63, 206 (zur Tatherrschaft).

[171] Vgl. dazu Michels, S. 73 f.

[172] Man könnte allerdings fragen, ob solche Tatbestände nicht entweder teleologisch auf Fälle konkreter Gefahr einschränkend ausgelegt werden müssen oder als leges imperfectae materiell gegen Art. 103 II GG verstoßen. Dieser Gedanke kann hier aber nicht weiter verfolgt werden.

[173] Vgl. schon Binding, Normen, S. 405: einfache Kuppelei als Polizeivergehen. Vgl. dazu Bauer, S. 140, 159, 161 (polizeilich geduldeter illegaler Alkoholausschank und Bordellverbot). Bindings Lehre vom Ungehorsam darf nicht schon deshalb gleichgesetzt werden mit der Hobbesschen: „Strafe ist dasjenige Übel, welches dem Übertreter eines Gesetzes von Seiten des Staates in der Absicht zugefügt wird, daß dadurch die Bürger zum Gehorsam bewogen werden sollen" (Levithan, II, K. 28 [S. 318]). Bindings Auffassung vom Verbrechen scheint überhaupt weniger Ausdruck des juristischen Positivismus, als des politischen Konservativismus seiner Zeit zu sein.

die lex lata[174] Gefährdungsdelikte, bei denen bestimmte Handlungen als *typisch* (statistisch) gefährlich untersagt sind. Auch hier ist das Gefahrurteil *abstrakt*, gleichgültig ob wir „verkappte konkrete Gefährdungsdelikte[175]“ annehmen, bei denen die konkrete Gefahr als praesumptio iuris et de iure erscheint[176], oder ob wir das Gefahrurteil auf intentionale Schutzgegenstände bezogen pflichtbegründend verstehen[177]. Bei beiden Deutungen fehlt der Bezug auf ein aktuell Gefährdetes.

Von konkreter Gefahr können wir dagegen erst dann sprechen, wenn das Gefahrurteil relational in der Realebene auf aktuell Seiendem gründet. In einem teleologischen System[178], wie es hier vertreten wird, muß deshalb nicht nur der Angriff, sondern auch das rechtsgutsverkörpernde *Angriffsobjekt*[179] als historisch-konkretes in der als gefährlich oder ungefährlich zu bewertenden Situation[180] erscheinen[181].

d) Der Versuch als konkrete Rechtsgutsgefährdung

Gem. § 43 ist der „Beginn der Ausführung“ wesentliches Merkmal der Versuchsbegriffe. Von den systematischen Grundlagen aus muß dieses Merkmal so verstanden werden, daß die Versuchsstrafdrohungen nur konkrete Gefährdungen des Rechtsgutes erfassen sollen. Dies mit der nötigen Schärfe herausgearbeitet zu haben, ist das historische Verdienst der jüngeren objektiven Theorie[182].

Wenn oben von „als gefährlich oder ungefährlich zu bewertenden *Situationen*“ gesprochen wurde, so wurde dieser Begriff gewählt, weil die u. E. für teleologische Systeme folgerichtige objektive Gefährdungstheorie ihren *Anwendungsbereich* durch einseitiges Abstellen auf das kategoriale Moment der Handlung in angreifbarer Weise unnötig eingeengt und damit der Subjektivierung und letzten Endes Auflösung des Rechtsgutsbegriffes durch die Kritik Vorschub geleistet hat: Wenn nur die objektive Gefährlichkeit der *Handlung* relevant sein soll, dann

---

[174] In den Entwürfen 60/62 sind die Gefährdungsdelikte grundsätzlich k o n k r e t e Gefährdungsdelikte, vgl. insbes. Zweiter Tl., 3. u. 4. Titel.

[175] Umhauer, S. 209; vgl. ferner Lange, ZStW 73, 108; Michels, S. 73.

[176] Wie zuvor; vgl. z. Probl. d. Beweislast Rob. v. Hippel, II, S. 428, Anm. 3; S. 288.

[177] Dazu näher Reinh. v. Hippel, S. 455 f.

[178] Anders in kategorialen Systemen, vgl. dazu o. vor Anm. 63.

[179] Um Fehldeutungen vorzubeugen, sei nachdrücklich darauf hingewiesen, daß Angriffsobjekte im teleologischen System auch im intentionalen Gegenstand gedacht werden können (vgl. dazu b. Fiedler, Versuch, insbes. S. 76 ff.; ferner unten sub A III 5 d und C III 4 a).

[180] Zur Wahl dieses Begriffes vgl. unten sub d).

[181] Vgl. insbes. z. Bedeut. d. konkr. Angriffsobj. f. d. Gewißheit d. Kriminalunrechts: Reinh. v. Hippel, S. 457 f.

[182] Vgl. Rob. v. Hippel, II, S. 404, 417 ff., 425 m. w. Nachw.

müssen folgerichtig die Fälle des sogenannten untauglichen Versuchs straflos bleiben. Damit wird in der an sich unlösbaren Sinneinheit von Tat und Täter die Täterkomponente formalisiert und auf die bloße Abgrenzung zwischen Handlung und Naturereignis reduziert. Das bedeutet zugleich die Preisgabe eines der beiden Grundbegriffe des teleologischen Systems[183], nämlich der kriminellen Energie in der Versuchslehre, mit der Konsequenz, daß das Rechtsgut möglicherweise[184] nur noch ungenügend geschützt wird[185]. Der Grund für diese Einengung liegt wohl darin, daß nicht von der Vorverlegung der Schutzgrenze (Strafausdehnungsgrund!) ausgegangen, sondern der Versuch als lediglich um den Erfolg verkürztes, gleichsam amputiertes Verletzungsdelikt verstanden wurde. Dieser Gedanke ist an sich sogar richtig, da der jeweilige Versuchsbegriff eben nicht Sonderdelikt ist, doch kommt es in diesem Zusammenhang auf das Warum des Zurückbleibens des Realisierten hinter dem Intentionalen überhaupt nicht an, solange nur die Beziehung zu dem der Strafausdehnung logisch vorausgehenden Deliktsbegriff und dem von diesem geschützten Rechtsgut konkret hergestellt werden kann.

Die Beziehung zwischen Handlung und Rechtsgut (Wert) ist nicht unmittelbar gegeben, sondern wird durch das Angriffsobjekt *ver-mittelt*[186]. Die Schwierigkeiten der objektiven Theorie beim untauglichen Versuch ergeben sich aus einer unnötigen Verengung des Kreises möglicher Angriffsobjekte infolge naturalistischer Fehldeutung: nicht nur die vom Täter unabhängig existierenden physischen Gegenstände, sondern auch die gleichfalls real seienden intentionalen Gegenstände des Täters[187] sind mittelnde Rechtsgutssubstrate. Die teleologische Rechtfertigung der Strafe liegt in diesen Fällen in der *aktuellen* Tätergefährlichkeit (kriminellen Energie). So verstanden ist z. B. die so-

---

[183] Rechtsgut und kriminelle Energie, vgl. o. sub 2.

[184] Die Strafbedürftigkeit des untauglichen Versuchs kann nur im Besonderen Teil geklärt werden. Prinzipiell erscheint sie zweifelhaft, weil jeder Vorsatztäter sein Beginnen ernstnimmt und damit auch die Strafdrohung auf sein Tun bezieht.

[185] Zwar besteht keine feste Beziehung zwischen Rechtsgutsgefährdung und krimineller Energie, wie WELZEL, Lehrb. S. 174, meint. Der Rechtsgüterschutz richtet sich aber bei den für die Versuchsproblematik allein interessierenden Vorsatzdelikten immer zumindest auch gegen die kriminelle Energie.

[186] Anders z. B. für die oben abgelehnte Lehre WELZELS vom Gesinnungsverfall (personalen Unrecht), für die die „Verleiblichung" des Aktes in der Handlung letzten Endes nicht mehr als ein Indiz für die rechtsungetreue Gesinnung (Aktunwert) bedeutet. Deshalb ist die finale Handlung im Sinne WELZELS streng genommen auch nicht die Tat (facere), sondern der Entschluß, die Entscheidung gegen die Rechtstreue, also zum Unrecht erhobene Schuld.

[187] Vgl. dazu FIEDLER, Vorhaben u. Versuch, insbes. S. 76 ff.

genannte Vereinigungstheorie *Langes*[188][189] nichts anderes als die konsequente Anwendung der objektiven Theorie. Auch in den Fällen „bloßer" Tätergefährlichkeit ist Teilnahme möglich: sie bezieht sich zwar nicht auf die Tätergefährlichkeit als solche, die als personales Moment unteilbar ist; sie erstreckt sich aber auf die Situation, in der der Täter „sich als gefährlicher Angreifer erweist" und die dadurch objektiv gefährlich wird[190]. Über die Abgrenzung zwischen Teilnahme am Versuch und versuchter Teilnahme entscheidet dann entsprechend der Akzessorietät, ob sich die potentielle Gefährlichkeit des Täters in der Tat *aktualisiert* hat[191].

### *6. § 46 und Versuchsbegriff*

Bei der Deutung des Versuchs als konkrete Rechtsgutsgefährdung ist der Gefahrbegriff selbst strukturell durch die Adäquanz erhellt worden, aber inhaltlich relativ unbestimmt geblieben. Da die Versuchsbestimmung als Strafausdehnungsgrund unselbständiger Rechtssatz ist, kann der Gefahrbegriff nur jeweils durch die in den §§ 43 ff. erweiterten Deliktsbegriffe des Besonderen Teils konkretisiert werden[192]. Unselbständige Rechtssätze erhalten ihre Bedeutung erst als Merkmale bestimmter Verbrechensbegriffe und erscheinen, außerhalb dieser betrachtet, als unbestimmte Rechtsbegriffe. Da eine ausreichende Klärung der einzelnen Versuchsbegriffe in dieser Arbeit nicht geleistet

---

[188] KOHLRAUSCH-LANGE, Vorbem. III 3 vor § 43: „Strafbarer Versuch liegt vor, wenn die Handlung für das angegriffene Rechtsgut gefährlich war oder sonst den Täter als gefährlichen Angreifer des Rechtsguts erweist."

[189] N a c h d e r E r f a h r u n g hätte in d i e s e r Situation der Täter typisch sorgfältiger zielen, das arglose Opfer weitergehen können, statt sich zu bücken, die Waffe geladen sein können (§§ 211 f.), das Mädchen erst 13 Jahre alt (§ 176 Ziff. 3) oder die Tochter des Täters (§ 173 I) sein können, die Frau schwanger sein oder wissen können, welches Mittel zum abortus geeignet und wie es zu erlangen ist (§ 218). Umgekehrt kann zwar ein Pistolenschuß unter Umständen noch auf hundert Meter Entfernung töten, und hätte die Entfernung nur 60 m betragen können. Er ist aber objektiv ungefährlich bei einer Entfernung von 2000 m, auch bei 1000 oder 500 m, so daß das Verschätzen in der Distanz hier keine Rolle spielt. Entsprechend ist die Schwangere, die zwar mit Kamillentee abtreiben will, aber nicht bereit wäre, in einer Apotheke Chinin zu kaufen oder mechanisch einzugreifen, kein gefährlicher Angreifer. Von daher ist das Ausklammern des „unverständigen Versuchs" im E (§ 27 III) zu verstehen.

[190] Ein näheres Eingehen auf die Teilnahme ist in diesem Zusammenhang nicht möglich. Hier genügt der negative Nachweis, daß sie nicht grundsätzlich ausgeschlossen ist.

[191] Vgl. dagegen WELZELS Vorwurf der „Aktualisierung" als „Utilitarisierung", o. sub II 2 c).

[192] Vgl. dazu DREHER und WELZEL in Ndschr. VIII, 380, 383, 418, 421.

werden kann[193], bleibt die Untersuchung im folgenden auf allen Versuchsbegriffen Gemeinsames beschränkt. Diese Einschränkung hat im wesentlichen zwei Konsequenzen: einmal muß von vornherein auf Lösungen verzichtet werden, unter die ohne weitere konkretisierende Interpretation subsumiert werden kann[194], zum anderen können manche Probleme, die immer wieder die allgemeine Versuchslehre belastet haben, systematisch in den Besonderen Teil verwiesen werden[195].

So gibt es z. B. bezeichnenderweise für den berühmten Versuch des untauglichen Täters mit untauglichen Mitteln am untauglichen Objekt in der gesamten Literatur bisher nur das Beispiel des Abtreibungsversuchs einer Nichtschwangeren etwa mit Kamillentee, nicht aber z. B. den des kastrierten Vaters, der seiner vermeintlichen Tochter beizuwohnen versucht. Alle außerhalb des § 218 zu bildenden Fälle sind Spielereien und allenfalls bei unzurechnungsfähigen Tätern denkbar[196]. Nach der hier vertretenen Auffassung ist der dreifach untaugliche Versuch deshalb systematisch dem Tatbestand der versuchten Abtreibung zuzuweisen[197].

Unterscheidet man zwischen allgemeiner Versuchslehre und besonderen Versuchsbegriffen, so ist Aufgabe der allgemeinen Versuchslehre nur die Erforschung der *Strukturen* der Regelungsmaterie[198] und des gesetzlichen Regelungssystems.

Entsprechend der Beschränkung auf die allgemeine Versuchslehre wird im folgenden unter „Versuch" und „Versuchsbegriff" ein den einzelnen Versuchsbegriffen des Besonderen Teils übergeordneter *Allgemeinbegriff* verstanden, der dem Allgemeinen Teil angehört und gegenständlich bezogen ist auf das *Ver-Suchen,* ohne daß es auf dessen Was ankommt.

---

[193] Dazu wären zahlreiche Spezialmonographien nötig.

[194] Ob solche Lösungen überhaupt möglich sind, ist ohnehin zumindest zweifelhaft; vgl. z. B. Roxin in GA 1963, S. 193 f. (206). Auf die damit zusammenhängenden Probleme kann hier nicht eingegangen werden.

[195] Darin liegt u. E. ein echter Fortschritt, da die Versuchslehre immer wieder von der Lösung peripherer Fragen — insbesondere des untauglichen Versuchs — präjudiziert wird. Die Verkehrung des Regel-Ausnahmeverhältnisses führt so zum Verkümmern des typischen Versuchs in der Versuchslehre.

[196] Dann wäre richtigerweise über § 51, also außerhalb der Versuchslehre zu lösen.

[197] Vgl. dazu E Radbruch, § 225 III und Bem. VII Abs. 2 am Ende.

[198] Nur auf diese bezogen hat es Sinn, z. B. den Versuch als „Erscheinungsform des Verbrechens" zu behandeln (heute noch z. B. H. Mayer, S. 276; Roeder, a. a. O.; auch in rein theoretischen Arbeiten zu finden, vgl. z. B. Bierling, III, S. 123).

## B. KRITISCHER TEIL

### I. Die Fragestellung

Bei der bisher erarbeiteten Wesensbestimmung des Versuchs als konkreter Rechtsgutsgefährdung eines dem Täter objektiv gegebenen und oder von ihm gesetzten intentionalen Angriffsobjekts war die Frage offengeblieben, welche Gefahrintensität rechtens als Versuch anzusehen ist. Sie abschließend zu beantworten, kann mit dieser Arbeit nicht geleistet werden. Es wurde bereits darauf hingewiesen, daß außerhalb der einzelnen Versuchstatbestände und letzten Endes des konkreten Fallentscheids die Konkretisierung nicht bis zum Anschaulich-Deskriptiven geführt werden kann. Aber auch in der allgemeinen Versuchslehre muß sie fragmentarisch bleiben und insbesondere das für die allgemeine Versuchslehre bedeutsame Problem des Beginns der Ausführung außer Ansatz lassen.

Im Hinblick auf § 46 hängt Umfang und Inhalt des Versuchsbegriffs primär davon ab, ob man den Rücktritt als negatives Begriffsmerkmal des Versuchs[199] ansieht oder die Rücktrittsregelung gleichsam als exceptio außerhalb des Deliktsbegriffs auffaßt[200]. Die für ein teleologisches System primäre Frage lautet deshalb: Welcher Ausschnitt

---

[199] So die sog. „Rechtstheorien"; die jüngste Übersicht findet sich bei Gutmann, S. 13—25.

[200] So die hL, nach der § 46 einen „persönlichen Strafaufhebungsgrund" normiert: z. B. Mezger, Grundriß, S. 128, Lehrbuch, S. 402; Jagusch in LK, Bem. I 1; Kohlrausch-Lange, Bem. II und system. Vorbem. VI B; Maurach, Allg. Teil, § 41 V; Welzel, § 25 vor I; Baumann, S. 468; Salm, S. 174; Rob. v. Hippel, II, S. 410; M. E. Mayer, Lehrbuch, S. 273; Dohna, S. 59; Ohlshausen, Anm. 1; v. Liszt, 21. u. 22. Aufl., S. 201; van Calker, S. 73; v. Kries, Strafprozeß, S. 342; Zimmerl, Aufbau, S. 291 (für Zimmerl ist an sich schon der Versuch eine Systemwidrigkeit); für die Rechtsprechung z. B. RG 56, 149 und 210; für das österreichische Recht: Nowakowski, Lehrbuch, S. 93 m. Nachw.; dagegen die hM, nach der kein Versuch u. d. Teilnahme straflos; Nachw. b. Nowakowski, a. a. O. In diesem Zusammenhang gleichbedeutend d. Annahme e. „Strafausschließungsgrundes": Oppenhoff (2), Anm. 1; Wegner, S. 232; H. Mayer, S. 295; a. A. (Schuldaufhebungsgrund) in jüngst. Z. ledigl. Sauer, Strafr.-lehre, S. 115 u. Schönke-Schröder, Nr. 41 („Schuldtilgungsgrund").

aus dem Verhalten des Täters [201] ist Gegenstand des Versuchsbegriffs? Was ist überhaupt die Tat, die anhand des jeweiligen Versuchsbegriffs auf ihre soziale Unerträglichkeit hin zu wägen ist[202]?

## II. Die Interpretation

### *1. Die Wortinterpretation*

Die ersten Worte von § 46 lauten: *„Der Versuch als solcher bleibt straflos ...“* Diese Wendung enthält ersichtlich zwei von Grund auf verschiedene Versuchsbegriffe:

Der erste entspricht *kategorialer* Systematik, die „von dem Oberbegriff alles deliktischen Unrechts: dem Begriff der Handlung[203]“ ausgeht und bezeichnet — verkürzt formuliert — Handlungen, die sich unter § 43 I subsumieren lassen[204]. Welche Expansivkraft in kategorialen Ansätzen steckt, zeigt die Unterscheidung *Maurachs*[205] zwischen Versuch und strafwürdigem Versuch: beim „Irrtum über die Subjektseigenschaften des Täters ... liegt mithin *Versuch* vor, und es verbleibt als diskutable Frage nur noch die Strafwürdigkeit. Diese hängt vom Gefährdungsgrade ab ... gegen Straflosigkeit ist ... grundsätzlich nichts einzuwenden. *Nur muß daran festgehalten werden, daß es sich um eine kriminalpolitisch gerechtfertigte Abweichung von den Regeln der Versuchsstrafbarkeit, nicht aber um einen ‚Nicht-Versuch‘ handelt“*. Deutlicher kann die Systembedingtheit des Versuchsbegriffs und die Differenz zwischen kategorialer und teleologischer Systembildung kaum dargestellt werden. Soll ein kategoriales Strafrecht nicht zu einem rigoristischen Instrument entarten, braucht es wenigstens „kriminalpolitischer“, also (vom kategorialen System her außerrechtlicher) teleologischer Korrekturen. Verabsolutiert man z. B. die Lehre vom Gesinnungsverfall *(Welzel)*, so degenerierte der „Beginn der Ausführung“ zum bloßen Indiz für die Gesinnung und wäre der Grundsatz cogitationis poenam nemo patitur beseitigt. Die kategorialen Versuchslehren verstoßen darüber hinaus auch gegen den Grundsatz nullum crimen sine lege poenali, für den z. B. Unterscheidungen zwi-

---

[201] Rechtlich relevant ist immer nur ein Teil des realen Sachverhalts; nur auf diesen erstrecken sich z. B. die insofern interpretatorisch-selektiven Tatsachenfeststellungen in den Entscheidungsgründen eines Strafurteils.

[202] Dieses Problem entsteht weder bei den vorsätzlichen noch den fahrlässigen Verletzungsdelikten, weil es bei ihnen um die Zurechnung eines empirisch eindeutig feststellbaren Erfolges geht.

[203] RADBRUCH, Systematik, S. 160.

[204] Streng genommen ohne die Beschränkung auf Verbrechen und einige Vergehen.

[205] Allgemeiner Teil, 1. Aufl., § 43 III C 2 m. Nachw. ebda. Hervorhebung v. Verf.

schen „Verbrechen“ und „Straftat[206]“ oder das Nebeneinander verschiedener Tatbestandsbegriffe[207] nur einen dürftigen Ersatz bieten. Daran ändert auch nichts, daß nach hM der Angeklagte durch einen *Freispruch* wegen eines Strafaufhebungsgrundes nicht beschwert ist[208].

Der zweite Versuchsbegriff ergibt sich durch das Ausscheiden der Rücktrittsfälle aus der Strafdrohung als gegenüber dem Kategorialen engerer Begriff des *strafbaren Versuchs.* Dieser ist teleologisch gebildet, indem „gerade das Sondermerkmal des strafbaren Unrechts als Ausgangspunkt[209]“ gewählt wird. Beide finden sich bereits in § 43, da die Beschränkung auf Verbrechen (§ 43 I) und bestimmte (§ 43 II) Vergehen (§ 43 I)[210] zwar teleologisch, nicht aber kategorial bedeutsam ist. Für das Handlungsgefüge ist es z. B. vollkommen gleich, ob der Täter vergeblich versucht:

a) den Rivalen mit Drohungen vom Betreten des Tanzbodens abzuhalten (mit Strafe bedrohter Versuch eines Vergehens, §§ 240 III, 43);
b) dem Rivalen auf dem Tanzboden ein Bein zu stellen, damit er sich verletzt (strafloser Versuch eines Vergehens, §§ 223, 43 II);
c) als Pfandleiher einen unzulässig hohen Zinssatz zu vereinbaren (strafloser Übertretungsversuch, §§ 360 Nr. 12, 43 I),

nicht aber für den Gesetzgeber, nach dessen Willen nur der erfolglose Maulheld des ersten Falles bestraft werden soll.

Logisch stehen beide Versuchsbegriffe gleichberechtigt nebeneinander. Das räumt auch z. B. ein so entschiedener Verfechter der subjektiven Theorie wie *M. E. Mayer* ein, wenn er schreibt, daß „die Gegner sich auf den Wortlaut des § 46, ‚der Versuch *als solcher* bleibt straflos‘, stützen und dieses Argument auch bei Auslegung des § 77 Vorentwurf *verwerten können,* weil dessen Worte ‚die Strafbarkeit des Versuchs fällt weg‘ dieselbe falsche Deutung zulassen[211]“.

Will man den Versuchsbegriff kategorial „aus dem allgemeinen Begriff des deliktischen Unrechts ableiten[212]“, so ist dieses anscheinend mit dem „Beginn der Ausführung“ (§ 43 I) bereits unabänderlich er-

---

[206] Vgl. MAURACH, Schuld, S. 38 ff.; Grundr. S. 90 ff.; zust. SALM, S. 1 Anm. 2.

[207] Vgl. z. B. SAUER, Mezger-Festschrift, S. 117 ff.; ENGISCH ebenda, S. 130 bis 133.

[208] Z. B. KMR Vorbem. 3 b vor § 296.

[209] RADBRUCH, Systematik, S. 160.

[210] Vgl. z. B. OETKER, ZStW 17, 53: „Die verschiedene Behandlung des Versuches bei Verbrechen und Vergehen im RStGB ist prinzipwidrig ...“ m. weiteren Nachweisen in Anm. 2.

[211] Versuch und Teilnahme, S. 351 f., Anm. 4.

[212] RADBRUCH, Systematik, S. 160.

reicht[213]. Folgerichtig können dann hinzutretende weitere Tatumstände das Unrecht zwar modifizieren[214], nicht aber als solches aufheben[215]. Da der fragmentarische Charakter des Strafrechts kategorial nicht verständlich ist[216], erscheint jedes Zurückbleiben der Poenalisierung hinter dem kategorial bestimmten Unrecht als Systemwidrigkeit[217]. Dementsprechend kann der Rücktritt vom Versuch im System nicht eingeordnet werden. Er erscheint deshalb als persönlicher Strafaufhebungs- oder Strafausschließungsgrund[218], ohne daß näher erklärt wird, was darunter juristisch zu verstehen ist[219]. *Da das System es nicht anders erlaubt, erscheint der Rücktritt dann auch ohne jede Wirklichkeitsforschung als neue Handlung,* deren rechtliche „Prämiierung“ „nur“ kriminalpolitisch, d. h. *teleologisch* gerechtfertigt werden kann[220]. Für kategoriale Versuchstheorien[221] ist also die Grundfrage des Rücktrittsproblems bereits mit der Systemwahl präjudiziert.

Demgegenüber ist teleologisch vom Begriff des strafbaren Versuchs auszugehen. Damit ist noch keineswegs festgelegt, welche Bedeutung dem Rücktritt im Aufbau des Versuchsbegriffs zukommt[222]. Die Systemwahl impliziert lediglich, daß der Rücktritt innerhalb des Versuchsbegriffs seine Aufklärung und Rechtfertigung finden muß, denn „Strafaufhebungs-“ und „Strafausschließungsgründe“ kann es im teleologischen System nicht geben[223]. Es ist sogar denkbar, daß kategoriale und teleologische Versuchslehre in den praktischen Ergebnissen übereinstimmen, z. B. dann, wenn sich § 46 als persönlicher Schuldausschließungsgrund herausstellen sollte.

---

[213] Bezeichnenderweise beginnt z. B. die Arbeit von SPOHR mit dem gängigen Satz: „Tatsachen sind unerbittlich“ (S. 1), ohne daß sich Verf. der damit bereits getroffenen Systemwahl bewußt ist.

[214] Insbesondere als Qualifizierung oder Privilegierung.

[215] Aufschlußreich z. B. WELZEL, § 25 vor I: Persönlicher Strafaufhebungsgrund wegen „Geringfügigkeit seiner Schuld“.

[216] Teleologisch ist er systemnotwendig, vgl. dazu oben A III 1.

[217] Nach ZIMMERL ist sogar schon der Versuch eine Systemwidrigkeit und durch den Begriff der „Erfolglosen Handlung“ zu ersetzen; vgl. Aufbau, S. 134 ff.; Arbeitsmethode, S. 15.

[218] Vgl. o. Anm. 200.

[219] Vgl. dazu schon kritisch RADBRUCH, Systematik, S. 163, 170 f. und ferner die Nachweise bei BEMMANN, S. 53—56.

[220] Aufschlußreich die an § 153 StPO erinnernde Formulierung WELZELS, Lehrbuch, § 25 vor I.

[221] Deren wichtigste die sogenannte „subjektive Theorie“ ist, vgl. dazu oben A II 2 a).

[222] Die Untersuchung dieser Frage muß dem problematischen Teil vorbehalten bleiben.

[223] Vgl. schon RADBRUCH, Systematik, S. 163, 170, nach dem die einzelnen Strafaufhebungs- und -ausschließungsgründe eingehend erforscht werden müssen, um sie entweder in den Verbrechensbegriff einzuordnen oder den Prozeßvoraussetzungen zuzuordnen.

Schließlich ist darauf hinzuweisen, daß der oben herausgestellte kategoriale Versuchsbegriff zugleich teleologischer Gesetzesbegriff sein kann. Seine Bedeutung liegt dann aber außerhalb der eigentlichen Versuchslehre und kann nur aus Funktionszusammenhängen gefunden werden, in denen entweder der Rücktritt unerheblich ist[224] oder die Strafbarkeit keine Rolle spielt[225] [226].

## 2. *Die historische Interpretation*

Die §§ 43—46 RStGB[227] von 1871 sind im wesentlichen eine revidierte Fassung der auf den Code Pénal zurückgehenden §§ 31—33 des Preußischen StGB von 1851[228], dessen § 31 lautet:

„Der Versuch ist nur dann strafbar, wenn derselbe durch Handlungen, welche einen Anfang der Ausführung enthalten, an den Tag gelegt und nur durch äußere, von dem Willen des Thäters unabhängige Umstände gehindert worden oder ohne Erfolg geblieben ist."

Auch nach dem Preußischen StGB war der Versuch von Verbrechen stets (§ 32 I 1) und von Vergehen dann mit Strafe bedroht, wenn „die Gesetze dies ausdrücklich bestimmen" (§ 33 1).

Übereinstimmend mit dem RStGB kennt also schon das Preußische StGB das Nebeneinander von kategorialem und teleologischem Versuchsbegriff. Der Formulierung nach wird der kategoriale gleichsam als vorrechtlicher Begriff[229] vorausgesetzt. Wollte man ihn als Rechtsbegriff entwickeln, so wäre er wie im RStGB aus der Abgrenzung gegen die Vorbereitungshandlung hinsichtlich des objektiven Tatbestandes als Beginn der Ausführung zu bestimmen. Das Nebeneinander beider Versuchsbegriffe ist logisch bereits mit der Lückenhaftigkeit der Strafdrohung beim Versuch (§ 43 I, II RStGB; § 33, 1 Preuß. StGB) vorgegeben.

---

[224] Bei den Unternehmenstatbeständen, § 87; vgl. dazu näher unten sub B II 3 a) bei Anm. 277.

[225] Z. B. § 53 II: rechtswidriger Angriff.

[226] Vgl. dazu OEHLER, Zweckmoment, S. 66 Anm. 3: „Es ist zu bemerken, ... daß eine rechtswidrige Handlung nicht etwa das gleiche wie eine mit Strafe bedrohte Handlung ist. Der Begriff der mit Strafe bedrohten Handlung erhält seine Bedeutung allein aus seiner jeweiligen Funktion in den einzelnen Bestimmungen, in denen er vorkommt." Bei OEHLER zeigt sich deutlich, wie sehr für teleologische Systeme der Besondere Teil im Vordergrund steht, während die kategorialen die Tendenz zur Ausweitung des Allgemeinen Teils in sich tragen.

[227] Zunächst verkündet als StGB des Norddeutschen Bundes von 1870.

[228] Allg. Ansicht, vgl. z. B. ROB. v. HIPPEL, I, S. 342; II, S. 394; HERZOG, S. 200.

[229] Teleologisch folgerichtig, da als solcher nicht mit Strafe bedroht.

Die preußischen Juristen gingen regelmäßig vom teleologischen Versuchsbegriff aus. So fragt z. B. *Beseler*[230] bereits im ersten Satz: „Welche Handlungen werden als Versuch gestraft[231]?" Interessant ist das Vorgehen von *Hälschner*, der zunächst seine kategoriale Versuchslehre entwickelt[232], beim Rücktrittsprinzip aber auf den teleologischen Versuchsbegriff zurückgreift[233]. Im Ergebnis waren sich die preußischen Juristen darüber einig, daß der Rücktritt negatives Begriffsmerkmal des strafbaren Versuchs war[234]. Besonders aufschlußreich sind die Ausführungen von *Goltdammer*[235] unter Bezugnahme auf die Motive zum E 1850: es „erheische, wenn auch nicht die Gerechtigkeit, die den verbrecherischen Vorsatz stets strafbar erscheinen lasse, wohl aber die Kriminal-Politik die Straflosigkeit". Diese Stelle allein kann leicht dahin mißverstanden werden, *Goltdammer* gehe vom kategorialen Versuchsbegriff aus und sehe den Rücktritt als Strafaufhebungsgrund an. Da er sich aber anschließend zur Annullationstheorie *Zachariäs* bekennt[236] und dem Rücktritt des Täters für den Teilnehmer strafbefreiende Wirkung zumißt[237], muß die Stelle gerade als Wahl des teleologischen Versuchsbegriffs, folgerichtig sogar als Wahl des teleologischen Systems gedeutet werden, dem die Kriminalpolitik immanent ist. Modern formuliert lautet sein Argument: Beim Rücktritt fehlen Strafwürdigkeit und Strafbedürftigkeit. Entsprechend ist es mehrdeutig, wenn die Motive[238] von einem „Ausschließungsgrund der an und für sich verwirkten Strafe" reden. U. E. bedeutet dies nicht mehr und nicht weniger als die teleologische Einschränkung des kategorialen Versuchsbegriffs. Dementsprechend gab es für die preußischen Juristen zwischen den heute sogenannten Rechtstheorien und kriminalpolitischen Begründungen der Straflosigkeit des Versuchs beim Rücktritt des Täters keinen grundsätzlichen Gegensatz, vielmehr handelte es sich lediglich um in der Deutung divergierende Lehrmeinungen.

Insbesondere außerhalb des Geltungsbereichs von Rheinischem Recht und Preußischem StGB gab es aber schon damals zahlreiche Autoren,

---

230 S. 137.

231 Vgl. a. S. 142: „... jetzt nach dem Vorgange des Rheinischen Rechts in die Begriffsbestimmung über den strafbaren Versuch mit hineingezogen worden." Vgl. ferner z. B. TEMME, S. 94 sub 6.

232 Vgl. z. B. S. 178 § 47: „Aus dem Wesen des Versuchs ergibt sich ..."; S. 182 § 48: „Das Wesen des Versuchs erfordert ..."

233 Vgl. S. 199 § 49: „Aus dem begrifflichen Wesen des Versuchs folgt ..." (Sperr. v. Verf.).

234 Vgl. z. B. HÄLSCHNER, a. a. O. S. 199 ff.; TEMME, a. a. O., S. 94 ff.; BESELER, a. a. O., S. 142.

235 S. 253.

236 S. 255 m. Nachw. in Anm. 1.

237 S. 323.

238 Reichstagsvorlage, S. 53, vgl. dazu ROB. v. HIPPEL, II, S. 410 nebst Anm. 7.

die das Rücktrittsprinzip aus dem Versuchsbegriff ausklammerten. Ihre oft sehr scharfe Polemik erklärt sich daraus, daß sie vom kategorialen Versuchsbegriff ausgingen und damit zu ihren Gegnern bereits in einem *methodischen* Gegensatz standen. So heißt es z. B. bei *Brauer*[239]: „Der Umstand, daß nach den meisten Gesetzen, und also gemeinrechtlich, nur da von einem strafbaren Versuche geredet werden kann, wo die Vollendung des Verbrechens ... unterblieb ... durch andere dazwischen getretene Umstände ... hat manche Rechtslehrer veranlaßt, dies Merkmal in den Begriff des Versuchs aufzunehmen. Dies ist aber irrig, denn, vom wissenschaftlichen Standpunkte betrachtet, liegt immerhin ein Versuch vor, auch wenn er im einzelnen nicht gestraft wird."

Hinsichtlich des Rücktrittsprinzips weicht das RStGB von seinem Vorgänger lediglich darin ab[240], das zunächst in § 43 I ein kategorialer Versuchsbegriff aufgestellt wird, den § 46 teleologisch beschränkt. Mit anderen Worten: § 31 Preuß. StGB wurde gleichsam auseinandergebrochen und auf zwei verschiedene Paragraphen verteilt. Sachlich bedeutete dies nur dann eine Änderung, wenn damit ein *rechtlich erhebliches*[241] Regel-Ausnahmeverhältnis aufgestellt und damit die Frage des methodischen Ansatzes zugunsten des kategorialen Versuchsbegriffs entschieden ist[242]. Das anzunehmen verbietet aber bereits die Gesetzgebungstechnik unseres Strafgesetzbuches. Sein Allgemeiner Teil kennt zwar logische, nicht aber sachliche Regel-Ausnahmeverhältnisse[243]: Bei Vorliegen eines Rechtfertigungsgrundes bleibt ebensowenig eine kate-

---

[239] S. 664, rechte Spalte.

[240] Das Fehlen einer Bestimmung für den beendeten Versuch und die auf „äußere" Umstände eingeschränkte negative Formulierung der „Freiwilligkeit" in § 31 Preuß. StGB berührt das Rücktritts p r i n z i p nicht.

[241] Ein bloß logisches (z. B. FRANK, S. 145) ist dagegen rechtlich bedeutungslos, vgl. auch HERZOG, S. 206, Anm. 326: „Man hüte sich aber, dieses logische Nacheinander mit dem zeitlichen der einzelnen Momente eines realen Thatbestandes zu vermengen! ... Die einzelnen Thatbestandsmomente kommen gar nicht als solche in Betracht, sondern nur der ganze, sie umfassende Thatbestand." Man kann noch hinzusetzen, daß den einzelnen (idealen) Begriffselementen des Tatbestandes keineswegs auch nur isolierbare Gegenstände in der realen Welt zu entsprechen brauchen: das Verbrechen ist eben ganz Tatbestandsmäßigkeit, ganz Rechtswidrigkeit und ganz Schuld (BINDING, KOHLRAUSCH usw.).

[242] Das bloß sprachlich-räumliche Verteilen auf mehrere Paragraphen ist als solches stets rechtlich völlig irrelevant. Darüber hinaus enthält weder § 43 noch § 46 eine selbständige Norm, vielmehr sind alle Rechtssätze des Allgemeinen Teils aus dem Besonderen Teil lediglich abgelöst und redaktionell gleichsam vor die Klammer gezogen.

[243] Vgl. schon warnend HERZOG, S. 206, Anm. 326.

goriale Rechtswidrigkeit bestehen[244] wie beim Tatbestandsirrtum (§ 59) ein kategorialer Vorsatz usw. Dennoch lag dieser Gedanke, *allerdings beschränkt auf prozessuale Probleme*, dem Zerreißen des alten § 31 Preuß. StGB zugrunde[245]: Einmal sollte die Fragestellung im Schwurgerichtsverfahren erleichtert werden[246], zum anderen wurde offenbar gelegentlich auch an eine „Umkehrung der Beweislast" gedacht[247]. Das erste Problem ist jedenfalls seit der *Emminger* Verordnung vom 4. 1. 1924[248] gegenstandslos geworden[249]. Zum zweiten ist darauf hinzuweisen, daß unser Strafprozeß keine Beweislast kennt[250] und selbst bei Strafausschließungs-, -aufhebungs- und -milderungsgründen der Grundsatz in dubio pro reo gilt[251].

Aus der Entstehungsgeschichte des RStGB ergibt sich gegenüber dem Preußischen StGB für das Rücktrittsprinzip sachlich keine Änderung. Der heute praktisch beendete[252] Streit zwischen den sogenannten Rechtstheorien und den sogenannten kriminalpolitischen Erklärungen des § 46 geht um den methodischen Ansatz. Die heute nahezu einhellige Auffassung des § 46 als Strafaufhebungs- bzw. Strafausschließungsgrund[253] ergibt sich nicht schon aus dem Gesetz, sondern erst aus dessen Interpretation. Daß auch die Anhänger der objektiven teleologischen Versuchstheorie nahezu einhellig der hM zustimmen[254], ist zumindest teilweise historisch zu verstehen aus der jahrzehntelangen unbestrittenen Herrschaft der kategorialen subjektiven Theorie in der Rechtsprechung.

---

[244] Auf die methodischen Grundlagen des Streits um die sogenannten negativen Tatbestandsmerkmale kann in dieser Arbeit nicht eingegangen werden. Ausführliche Bibliographie bei HIRSCH, S. 349 ff.

[245] Umfassende Wiedergabe der Materialien bei HERZOG, S. 201 ff.

[246] Vgl. die Nachweise bei HERZOG, insbes. S. 201—212; Rspr.-Nachw. bei OPPENHOFF (1), § 31 Nr. 11 ff. (S. 63 ff.).

[247] Vgl. BAUMGARTEN, S. 470; die Nachw. b. HERZOG insbes. S. 207, 213 f.

[248] RGBl. I, 15 ff.

[249] § 82 GVG; vgl. dazu KERN, Geschichte, S. 114 ff. EB. SCHMIDT, Lehrkomm. I, Nr. 567 ff. Die Gültigkeit der Notverordnung wurde von RG 58, 120 anerkannt: ihre gewohnheitsrechtliche Geltung ist heute unbestritten.

[250] Vgl. z. B. ALSBERG-NÜSE, S. 10 f. m. Anm. 13, 15.

[251] hM, vgl. z. B. BGH 10, 373 = JZ 58, 373 mit zustimmender Anm. von KERN; BGH — 1 StR 3/52 — bei DALLINGER, MDR 52, 407; EB. SCHMIDT, Lehrkomm. I, Nr. 371; HENKEL, Lehrbuch, S. 406, Anm. 13 m. Nachw.; ALSBERG-NÜSE, S. 8 ff. usw. Anderer Ansicht z. B. v. KRIES, Lehrb., S. 342; für die Rechtsprechung OGH I, 321 (337) und II, 117 (126), zustimmend OEHLER, JR 51, 493 f.

[252] Vgl. Anm. 200.

[253] Vgl. Anm. 200

[254] Vgl. Anm. 200.

### *3. Die systematische Interpretation*

a) Das Argument der Teilnahme

*aa) Der methodische Ansatz und das Argument der Teilnahme*

Es ist auffallend, daß in der hier über mehr als ein Jahrhundert zurückverfolgten Problemgeschichte der Streit niemals um den methodischen Ansatz geführt worden ist. Es liegt deshalb nahe zu fragen, ob der Ansatz nicht gleichsam nebenbei gewählt wurde, je nach den kriminalpolitischen Überzeugungen des jeweiligen Autors. Da es letzten Endes gleichgültig ist, ob der Täter wegen eines negativen Begriffsmerkmals des Versuchs oder wegen eines Strafaufhebungsgrundes freizusprechen ist, können sich diese nur auf die Frage der Strafbarkeit des Teilnehmers bei Rücktritt des Täters beziehen. Der teleologische Versuchsbegriff als solcher läßt diese Frage zwar offen, denn mit seiner Wahl ist noch nicht gesagt, ob es sich um ein negatives Tatbestandsmerkmal, einen Rechtfertigungsgrund oder etwa einen Schuldausschließungsgrund handelt. Dagegen präjudiziert aber der kategoriale Versuchsbegriff eindeutig, weil die Akzessorietät der Teilnahme sich nicht auf Strafausschließungsgründe erstreckt.

So erscheinen z. B. bei *M. E. Mayer* Rücktritt als Strafaufhebungsgrund und Ausschluß der Akzessorietät geradezu als Synonyma: „*... daß der Rücktritt als persönlicher Strafaufhebungsgrund zu charakterisieren ist, also Teilnehmern, die ihn nicht mitgemacht haben, nicht zugutekommt, ist eine aus dem Wesen des Verbrechens und der Teilnahme folgende wissenschaftliche Lehre, die spezieller gesetzlicher Bestätigung nicht bedürfen sollte* ... daher ist es sachlich gleichgültig, sprachlich ein Fortschritt, daß *die ängstliche Wendung des StGB*, ‚der Versuch *als solcher*[255] bleibt straflos' im Vorentwurf nicht wiederkehrt, zumal da sie zu falschen Interpretationen Anlaß gegeben hat[256]". „... allerdings ist die Lehre bestritten ... *Da die Gegner sich auf den Wortlaut des § 46*, ‚der Versuch *als solcher*[255] bleibt straflos', *stützen und dieses Argument auch bei Auslegung des § 77 Vorentwurf verwerten können, weil dessen Worte*, ‚die Strafbarkeit des Versuchs fällt weg', *dieselbe falsche Deutung zulassen*, scheint es angebracht, dem Anfang des § 77 *eine subjektive Fassung* zu geben, wie etwa: wegen Versuchs ist nicht mehr strafbar, wer freiwillig ...[257]". Unbeschadet dessen heißt es dann später bei der Teilnahme: „Es gibt einen Begriff der akzessorischen Natur, der mit dem der Teilnahme unauflösbar verknüpft ist ... Will man über das Mindestmaß des Erforderlichen nicht

---

[255] Hervorhebung von M. E. Mayer, die übrigen Hervorhebungen dieses Zitates vom Verf.

[256] Versuch und Teilnahme, S. 351 f.

[257] A. a. O. Anm. 4.

hinausgehen, so ist die Täterhandlung zu definieren als die Verwirklichung eines objektiven gesetzlichen Tatbestandes. Hiervon ist die Teilnahme zumindesten abhängig. Und diese *minimal-akzessorische* Form ist es, die mit dem Wesen der Teilnahme unzertrennlich verknüpft ist, da sie über die rein logisch bedingte Abhängigkeit nicht hinausgeht. Kein Gesetzgeber kann das Wort Teilnahme aussprechen, ohne das Dasein ‚der äußeren Verbrechensfigur' vorausgesetzt zu haben . . .[258]." Aus der Wahl des teleologischen Ansatzes heißt es demgegenüber z. B. bei *Goltdammer*[259] ebenso eindeutig: „Aus jener rein accessorischen Natur der Beihülfe folgt aber zugleich, daß sie ihre an sich vorhandene Strafbarkeit verliert, sobald die Haupthandlung selbst aufhört, strafbar zu sein. Wenn also der Urheber im letzten Stadio des Versuchs freiwillig zurücktritt, so wird auch die bis dahin geleistete Hülfe, so wesentlich sie auch immer gewesen sein möge, straflos, ohne daß es etwa erforderlich wäre, daß auch der Gehülfe selbst . . ." usw. Es sei ausdrücklich darauf hingewiesen, daß auch das Zitat von *M. E. Mayer* vor der Limitierung der Akzessorietät der Teilnahme[260] liegt.

Es ist nicht schwer einzusehen, daß hier „aus wertbetonten sozialen Anforderungen zu rechtfertigender Art . . . selbständige grundlegende Aussagen über das Da-Sein und So-Sein einer vermeintlichen ‚Rechtswelt[261]'" werden. Zunächst wird das kriminalpolitische Postulat aufgestellt, daß der Rücktritt des Täters Teilnehmern nicht zugute kommen darf[262]. Dieses wird realisiert durch Auffassung des Rücktritts als persönlicher Strafaufhebungsgrund. Um in Zukunft nur noch eine Interpretation zuzulassen, wird dann eine Gesetzesänderung gefordert. So weit sind die Folgerungen aus der bestreitbaren Prämisse nicht anzufechten. Die Behauptung aber, daß Prämisse und Folgerung „aus dem Wesen des Verbrechens und der Teilnahme folgen", ist eine unzulässige Dogmatisierung des eigenen Standpunktes, die einem anathema sit aller Andersdenkenden gleichkommt und damit jede sachliche Diskussion ausschließt.

Die Ernsthaftigkeit des der Prämisse zugrundeliegenden Problems sei ebensowenig verkannt, wie das wissenschaftliche Telos und Ethos von *M. E. Mayer*. Die Kritik richtet sich lediglich gegen die Methode, deren Gefahr noch die österreichische Rechtsprechung aufzeigen mag, in der sogar mit zweierlei Maß gemessen wird, je nachdem ob sich

---

[258] S. 355.

[259] S. 323.

[260] Vgl. zu dieser unten sub C III 4 c).

[261] Fritz v. Hippel, S. 431, linke Spalte; das Zitat ist dem Sachverzeichnis entnommen, vgl. näher die dort nachgewiesenen Stellen.

[262] Die fehlende Begründung hätte nicht einmal aus der allgemeinen Versuchslehre, sondern nur durch sorgfältige Sachforschung unter Berücksichtigung der Systematik der Tatbestandstypen beigebracht werden können.

die Entscheidung auf Täter oder Teilnehmer bezieht: nach dem österreichischen OGH ist der Rücktritt für den Täter kein Strafaufhebungs-[263] oder Strafausschließungsgrund[264], sondern „ein negatives Begriffsmerkmal des strafbaren Versuchs[264]" und „betrifft den strafbaren Tatbestand selbst[265]". Zwischen der Entscheidung vom 23. September 1949 und den anderen nachgewiesenen heißt es in der Entscheidung vom 4. Oktober 1949[266]: „Freiwilliger Rücktritt des Täters vom Versuch macht den Anstifter oder Gehilfen nicht straffrei[267]", denn „ein solches Verhalten ist vielmehr ein höchst persönliches Moment, so daß in einem derartigen Falle der letzte Absatz des § 5 StG anzuwenden ist ...[268]". § 5 II des Österreichischen StGB regelt die Rechtsfolgen der „Entschuldigungsumstände", unter denen Schuld- und Strafausschließungsgründe zu verstehen sind[269].

*bb) Systematische Kritik*

Die thematische Beschränkung dieser Arbeit verbietet es, das rechtspolitische Postulat auf seine sachliche Berechtigung hin zu überprüfen. Es wäre aber auch dann schon hinreichend widerlegt, wenn sich nachweisen ließe, daß ohne Traditionsbruch andere gesetzgeberische Mittel zur Verfügung stehen, etwa unerwünschte Privilegierungen des Teilnehmers beim Rücktritt des Täters zu verhindern.

1. Die Privilegierung eines selber nicht zurücktretenden Teilnehmers auf Grund der Akzessorietät ist unbestreitbar „unverdient". Für kategoriale Systeme steht sie ebenso im Widerspruch zu den Grundlagen wie jede andere Stelle im Gesetzessystem, an der sich das Strafrecht als fragmentarisch erweist: Unvollständigkeit des Besonderen Teils, Strafbarkeit des Versuchs nur bei Verbrechen und einigen Vergehen[270], grundsätzliche Straflosigkeit der Vorbereitungshandlung[271], Akzessorietät der Teilnahme, grundsätzliche Straflosigkeit von versuchter Anstiftung und Beihilfe usw.

---

[263] SSt XXII, Nr. 50, S. 123 ff.; SSt XXV, Nr. 27, S. 82 ff.

[264] SSt XXV, Nr. 27, S. 82 ff.

[265] SSt XXII, Nr. 50, S. 123; vgl. a. d. E. v. 23. 9. 1949, SSt XX, Nr. 116, S. 253 ff.; f. d. österr. Lehre vgl. d. Nachw. b. Nowakowski, Lehrb. S. 93, überwieg.: b. Rücktr. kein Versuch. Vgl. dagegen EStGB Allg. Tl. Wien 1964. Amtl. Begr. S. 33 sub IV.

[266] SSt XX, Nr. 120, S. 261 ff.

[267] A. a. O., S. 261.

[268] A. a. O., S. 262.

[269] Vgl. Kamiak, Anm. 7.

[270] Vgl. z. B. Oetker, ZStW 17, 53: „Die verschiedene Behandlung des Versuchs bei Verbrechen und Vergehen ist prinzipwidrig und unpraktisch."

[271] Symptomatisch die Vorverlagerung der Vordergrenze des Versuchs durch die subjektive Theorie.

Unterstellt man dagegen einmal ein teleologisches System, in dem der Rücktritt als negatives Merkmal des objektiven Tatbestandes erscheint, so bietet, da diesem der fragmentarische Charakter des Strafrechts immanent ist, die Straflosigkeit des nicht selber zurücktretenden Teilnehmers keinerlei prinzipielle Schwierigkeiten[272]. Dogmatisch gesehen handelt es sich dann um versuchte Teilnahme, die im Regelfall straflos ist. Entscheidend wäre vielmehr, daß nach den teleologischen Kriterien der Strafbedürftigkeit und Strafwürdigkeit keine unerträglichen Strafbarkeitslücken entstehen.

2. Zunächst einmal sind durch § 49 a versuchte Anstiftung zum Verbrechen und bestimmte, ein Verbrechen vorbereitende Handlungen (§ 49 a II)[273], ferner nach § 49 b die Teilnahme an einem Mordkomplott durch Sondertatbestände mit Strafe bedroht. Hinzu kommen weitere strafbare Vorbereitungshandlungen, insbesondere bei Hochverrat (§ 81), Landesverrat (§ 100 e), Verschleppung (§ 234 a), Wahlfälschung (§ 107 b), Münzverbrechen (§ 151), Sprengstoffverbrechen (§§ 3—9 Sprengstoffgesetz) usw. Besonders ist darauf hinzuweisen, daß nahezu die gesamten Tatbestände gegen die Verbreitung von staatsgefährdenden Schriften materiell Vorbereitungs- und versuchte Beihilfehandlungen umschreiben[274].

3. Die nächste Einschränkung der Gefahr teleologischer Strafbarkeitslücken liegt in den zahlreichen Gefährdungstatbeständen. Diese sind im Entwurf 1962 grundsätzlich als konkrete Gefährdungsdelikte ausgestaltet worden[275]. Bei Verletzungsvorsatz handelt es sich bei ihnen materiell um Versuchshandlungen, die als Sonderdelikte poenalisiert sind. Etwaige Privilegierungen tätiger Reue können bei formell beendetem Delikt auch teleologisch nur bei der Schuld eingeordnet werden und kommen deshalb nur dem Zurücktretenden selbst zugute. Diese Einschränkung ist deshalb so gewichtig, weil durch Gefährdungs-

---

[272] Vgl. dazu oben A III 1.

[273] Vgl. Dreher, GA 54, 15: „Dennoch hat § 49 a auch noch die limitierte Akzessorietät insofern beseitigt, als es jetzt bei der Anstiftung zum Verbrechen überhaupt nicht mehr erforderlich ist, daß die Haupttat auch nur versucht wurde. Eine Handlung, an der teilgenommen wird, ist in Wirklichkeit nicht mehr da. Sie ist zu einer Vorstellung im Kopfe des Täters verflüchtigt. Die Teilnahme ist selbständig geworden und hat sich von der früheren Abhängigkeit von der Haupttat endgültig emanzipiert." Auf die verfassungsrechtlichen Probleme des § 49 a kann hier nicht eingegangen werden.

[274] Ausführungshandlungen könnte man regelmäßig nur dann annehmen, wenn man vom marxistischen Gesetz der Geschichte ausgeht, nach dem die kapitalistischen Staaten ohnehin zum Absterben verurteilt sind, deren „Tod" durch die Propaganda beschleunigt werden soll.

[275] Besonderer Teil, 4. Abschnitt, 3. u. 4. Titel.

tatbestände nicht nur extrem gefährliche Handlungen poenalisiert, sondern auch besonders hochwertige oder empfindliche Rechtsgüter geschützt werden.

4. Schließlich bieten das wichtigste gesetzgeberische Instrument die Unternehmenstatbestände[276]. Bei diesen ist der kategoriale Versuchsbegriff als teleologischer Gesetzesbegriff zugrundegelegt: die Legaldefinition in § 87 dient insbesondere der Bestimmung der Vordergrenze des formell einheitlichen Unternehmensbegriffs. Dazu kann aber sinnvollerweise nur § 43 dienen. Logisch wird dies auch durch die besonderen Rücktrittsprivilegierungen (z. B. in § 82) bestätigt.

Vergleicht man den bei den Unternehmenstatbeständen poenalisierten materiellen Versuch mit der allgemeinen Versuchsstrafdrohung, so liegt der Unterschied in der gesetzlichen Ausgestaltung einmal in dem Ausschluß der Kannmilderung des § 44, zum anderen in dem des § 46[277]. Der erste wiegt nicht schwer, weil der Strafrahmen bereits im Hinblick auf Versuch und Vollendung geschaffen ist, also hinreichende Differenzierungen der Rechtsfolge erlaubt[278]. Dagegen verdient der zweite Ausschluß nähere Untersuchung: Das Nebeneinander von allgemeiner Versuchsstrafdrohung und Unternehmensdelikten ist bereits aus dem Preußischen StGB von 1851[279] übernommen und nicht etwa erst durch Novellierung in das RStGB eingefügt worden. Es ist deshalb anzunehmen, daß es sich nicht um ein willkürliches Nebeneinander gleichwertiger Regelungssysteme handelt[280]. Ein verschiedenartiger Regelungswert ergibt sich aber lediglich durch den Ausschluß von § 46[281].

Sollte sich bei bestimmten Tatbeständen des Besonderen Teils die Privilegierung des Teilnehmers bei Rücktritt des Täters als kriminalpolitisch unerträglich herausstellen[282], so könnte die Strafbarkeitslücke de lege ferenda durch Umwandlung in Unternehmenstatbestände — gegebenenfalls mit eigener Rücktrittsbestimmung — geschlossen werden. Das oben aufgewiesene Postulat ist also bereits aus der Gesetzessystematik widerlegt.

---

[276] Vgl. z. B. §§ 80, 89, 105, 114, 122, 316 a, 357, 360 Ziff. 5.

[277] Vgl. KG (Ost) Urt. v. 6. 1. 1953 (1) II g 11/52 in NJ 1953, 187; vgl. a. BGH 10, 320 (323).

[278] Es gibt keinen Unternehmenstatbestand, der mit Fixstrafe bedroht ist! Nach KG (Ost) NJ 53, 187 ist der beim vollendeten Delikt unwirksame Rücktritt „im Rahmen der Strafzumessung" zu berücksichtigen.

[279] Vgl. z. B. §§ 61, 78, 82.

[280] Vgl. aber Welzel, Lehrbuch, § 24 I, 5, der nur einen „gesetzestechnischen" Unterschied annimmt.

[281] Vgl. z. B. Kohlrausch-Lange, § 87, Bem. III, 2.

[282] Bisher ist dies in der Literatur noch nicht behauptet worden.

### b) Das Argument des Strafanspruchs

#### *aa) Die Bestimmung des Versuchsgegenstandes*

Um das Dogma abzustützen, der Rücktritt des Täters komme dem Teilnehmer nicht zugute, sei also Strafaufhebungsgrund[283], bedarf es des Nachweises, daß der Rücktritt der Versuchshandlung gegenüber indifferent ist. Da Rücktritt und z. B. fehlgeschlagener Versuch sich unbestreitbar im Handlungsgefüge unterscheiden, kann dies nur dadurch gelingen, daß man behauptet, der Rücktritt sei eine neue, phänomenal wie rechtlich selbständige Handlung. Damit stieße man auf die zu Beginn des kritischen Teils gestellte Frage nach dem Gegenstand des Versuchsbegriffs. Über diese läßt sich — wie die Problemgeschichte zeigt — beträchtlich streiten, ohne daß es die Möglichkeit einer abschließenden logischen Beweisführung gibt. So schreibt z. B. schon *Hälschner*, der an sich kategorial vorgeht[284], der Versuch sei „an sich stets eine zum Abschluß gekommene Handlung, die einen bestimmten Erfolg gehabt hat[285]". Dieser Schwierigkeit entgeht man, wenn man behauptet, mit dem Überschreiten der Vordergrenze des Versuchs sei „rechtstatsächlich" eine endgültige Lage eingetreten[286].

Als Modell dieses Verfahrens mögen die ersten beiden Absätze der Monographie von *Spohr* dienen: „‚Tatsachen sind unerbittlich'. Was einmal geschehen ist, kann nicht wieder ungeschehen gemacht werden[287]." Schon mit diesem — für die Naturwissenschaften wegen der mit einem Zeit-Kontinuum vorausgesetzten Irreversibilität der Zeit selbstverständlichen[288] — Satz wird unter anderem präjudiziert, daß es rechtlich nur auf Tatsachen ankomme und daß die Schuld eine Tatsache sei. Dazu sei nur kurz auf folgendes hingewiesen: Dem Recht kommt es niemals auf die Tatsachen als solche an, sondern auf deren Bedeutung (quale). Die logische Konsequenz des *Spohrschen* Ansatzes wäre das Recht als Naturwissenschaft der normativen Kraft des Faktischen. Auch kann der Gegenstand des Schuldurteils niemals eine bloße

---

[283] Vgl. dazu oben insbes. B II 3 a) aa).

[284] Vgl. oben b. Anm. 232.

[285] A. a. O., S. 173.

[286] Vgl. dazu schon oben A II 2 a nach Anm. 32 die Kritik an den kategorialen Versuchslehren, daß diese die Handlung mit der Vordergrenze des Versuchs gleichsetzen und zu einem Zurechnungspunkt verkümmern lassen.

[287] Einleitung, S. 1 f.

[288] Inzwischen für die Physik bereits möglicherweise in Frage gestellt durch die auf der Jahrestagung 1964 der Deutschen Physikalischen Gesellschaft in Düsseldorf mitgeteilte angebliche Beobachtung des Zerfalls eines K-Mesons in zwei Pi-Mesonen (vgl. „Zeit-Invarianz und Atomkernmodell", FAZ vom 20. 10. 1964).

Naturtatsache sein. Der Schuldvorwurf bezieht sich vielmehr relational auf die Möglichkeit zur Freiheit[289].

Nach *Scheler* z. B. kann sich der Mensch im Akt der Reue *sinngebend* auf seine Tat zurückbeugen, und zur Schuld heißt es bei ihm: Der Täter „kann nicht die äußere Naturwirklichkeit der Tat und ihrer Kausalfolgen, auch nicht den ihr als *Tat* zukommenden bösen Charakter aus der Welt schaffen. Diese alle bleiben in der Welt. Aber er vermag die Schuld als das *rückgewirkte* Werk dieser Tat in der Seele des Menschen — und damit die Wurzel einer Unendlichkeit von neuer böser Tat und neuer Schuld — völlig zu töten und auszulöschen. Die Reue *vernichtet* wahrhaft jene psychische Qualität, welche ‚Schuld' heißt. Sie vermag dies wenigstens in ihrer vollkommenen Gestalt. Sie sprengt also die Kette der durch das Schuldwachstum der Menschen und Zeiten vermittelten Fortzeugungskraft des Bösen. Sie macht eben damit neue, schuldfreie Anfänge des Lebens möglich[290]." Damit soll keineswegs behauptet werden, daß eine auf diesen Zusammenhängen aufbauende Rücktrittstheorie praktikabel oder auch nur wünschenswert sei. Wie wenig „rechtsfremd" aber der *Scheler*sche Gedankengang ist, zeigt sich darin, daß die rechtlich nicht erzwingbare Sühne das Äußerste ist, was hinsichtlich der Schuld und letzten Endes auch Spezialprävention mit der Strafe intendiert werden kann: „Wir wissen heute, daß der Täter nicht an seiner Tat vorbeigeführt, sondern durch sie hindurchgeführt werden muß, soll von echter und sinnvoller Erziehung oder Besserung die Rede sein können[291]."

*Spohr* fährt fort: „Ist eine rechtswidrige Handlung, die den Tatbestand eines Delikts erfüllt, schuldhaft durch einen Zurechnungsfähigen zur Ausführung gekommen — vollendet oder nur im Rechtssinne versucht worden —, so vermag kein späteres Verhalten des Schuldigen, mag es nun in einer neuen Tätigkeit oder in der Unterlassung weiterer Tätigkeit bestehen, den Deliktscharakter der Handlung mit rückwirkender Kraft zu vernichten. Weder die Rechtswidrigkeit noch die Schuld kann nachher wieder beseitigt werden. Nachträgliche Unrechts- oder Schuldausschließungsgründe gibt es nicht[292]."

---

[289] Anderenfalls wäre er nicht nur unsinnig, sondern auch die Exkulpation, z. B. wegen Bewußtlosigkeit, Epilepsie oder Volltrunkenheit unverständlich.

[290] S. 49.

[291] LANGE, Systematik, S. 74.

[292] A. a. O., S. 1; vgl. z. B. statt vieler v. LISZT, 21. u. 22. Aufl., S. 201, die ersten Sätze zum Rücktritt vom Versuch: „In dem Augenblicke, in dem die Grenzlinie zwischen straflosen Vorbereitungshandlungen und strafbarer (!) Ausführung überschritten wird, ist auch die auf den Versuch gesetzte Strafe verwirkt. Diese Tatsache (!) kann nicht mehr geändert, nicht ‚nach rückwärts annulliert', nicht aus der Welt geschafft werden"; MEZGER in LK Nr. 15 vor § 51 usw.

Auch diese Sätze erscheinen auf den ersten Blick unbestreitbar, denn sie lassen sich derart zusammenfassen, daß tatbestandsmäßige Handlungen eben tatbestandsmäßig, rechtswidrige eben rechtswidrig und schuldhafte eben schuldhaft sind. In Wahrheit wird aber bereits das Entscheidende vorausgesetzt, daß nämlich die tatbestandsmäßige Versuchshandlung lediglich das Überschreiten der Vordergrenze des Versuchs sei und mit dem Rücktritt oder der tätigen Reue neue, auch rechtlich selbständige Handlungen bzw. Unterlassungen begönnen. Die Begründung dafür ist mehrschichtig. Einmal heißt es[293]: „Dadurch, daß der Gesetzgeber in bewußtem Gegensatz zur Fassung des § 31 des preußischen Strafgesetzbuchs, der den freiwilligen Rücktritt als negatives Tatbestandsmerkmal des Versuchs charakterisiert hatte[294], zunächst in § 43 die Tatbestandsmerkmale des strafbaren (!) Versuchs[295] vollständig (!) aufgezählt hat . . ., dann aber drei Paragraphen später[296] dem ‚Versuch' bei freiwilligem Rücktritt Straflosigkeit zuspricht[297], hat er doch zweifelsohne (!) zum Ausdruck gebracht, daß der vom Versuch Zurücktretende sich bereits einer rechtswidrigen, strafbaren (!) Handlung schuldig gemacht hat nach § 43 StGB . . .[298]."

Hinter dieser ebenso oberflächlichen wie unhaltbaren Begründung verbirgt sich bei *Spohr* aber noch eine weitere: Rechtswidrigkeit und Schuld erscheinen als „unerbittliche Tatsachen", die zu der Handlung (= Beginn der Ausführung) in Kausalnexus stehen. Diese nicht näher erläuterten „juristischen Tatsachen", an die man nur glauben kann und denen gegenüber der „Agnostiker" als Ketzer erscheint[299], werden dann „ontologisch" bewiesen: „Das öffentlich-rechtliche Strafverhältnis zwischen dem Staat und dem Schuldigen ist damit zur Entstehung gekommen, der staatliche Strafanspruch ist erwachsen. Auch diese Tatsache (!) kann nicht mehr nach rückwärts annulliert werden[300]."

---

[293] SPOHR, S. 67.

[294] Hierin liegt bereits eine F e h l d e u t u n g: wohl war die Gesetzesänderung keineswegs zufällig, die Motive waren aber andere, vgl. oben B II 2, nach Anm. 245.

[295] Contra legem! vgl. § 46. Der kategoriale Versuchsbegriff wird zum teleologischen! Entsprechend heißt es bei GUTMANN, S. 1, unter der Überschrift „Einleitung und Problemstellung": „Strafbares (!) Unrecht liegt bereits dann vor, wenn der Täter unmittelbar zur Tatbestandsverwirklichung ansetzt . . ."

[296] Die juristische Wertlosigkeit dieses Arguments wurde bereits oben bei Anm. 241 dargetan.

[297] Widerspruch zu der Behauptung, daß § 43 den strafbaren Versuch vollständig definiere.

[298] Ein klassischer Zirkelschluß!

[299] Vorwurf der Protestation des Faktischen!

[300] SPOHR, S. 2 oben; vgl. daneben z. B. KÖHLER, der den Strafanspruch als die — u. U. bedingte — M ö g l i c h k e i t des Strafendürfens definiert (S. 24 f.).

*bb) Der Begriff des Strafanspruchs*

Auf diesen „unerbittlichen" Strafanspruch stößt man in der Literatur zu den sogenannten „Strafaufhebungsgründen" immer wieder. Wie vieldeutig dieser Begriff ist, zeigt bereits eine Sammlung von verschiedenen Definitionen und Umschreibungen beim Problem der Verjährung allein in einer Arbeit[301]. Interessanterweise handelt es sich bei ihnen überwiegend um Wiedergaben fremder Lehrmeinungen, bei denen jeweils wegen der begrifflichen Unklarheit schon die Exegese des Autors zweifelhaft ist.

Da es hier einerseits lediglich um den theoretischen Ansatz geht und es andererseits nicht Aufgabe dieser Arbeit ist, alle mit dem Begriff des Strafanspruchs im materiellen Recht verknüpften dogmatischen Begriffe — insbesondere die sogenannten Strafaufhebungsgründe und objektiven Strafbarkeitsbedingungen — systematisch neu einzuordnen, sollen im folgenden dessen Schwierigkeiten anhand des *v. Liszt*schen Lehrbuches[302] exemplifiziert und zugleich nach der Herkunft und wirklichen funktionellen Bedeutung des Begriffs gefragt werden:

Die erste Definition findet sich bei *v. Liszt* bereits in der Einleitung[303]: „... Im *subjektiven* Sinne bedeutet Strafrecht das Recht zu strafen (ius puniendi), also das Recht, Strafe anzudrohen, sowie im Einzelfall sie zu verhängen und zu vollstrecken. Als *Strafanspruch*

---

[301] LORENZ, a. a. O.: „das subjektive Recht des Staates auf Bestrafung des Täters, der staatliche Strafanspruch" (S. 1); „der Wegfall des materiellen Rechts zur Strafverfolgung, des staatlichen Strafanspruchs selbst" (S. 20); „Strafbarkeit" (S. 22); „falls bei Eintritt der Verjährung der Strafanspruch noch nicht rechtskräftig festgestellt worden sei, erlösche die Strafbarkeit der Tat ..." (S. 25); „die Verjährung tilge den Strafanspruch" (S. 50); „der staatliche Strafanspruch durch Zeitablauf untergehe" (S. 51); „... die Straftat ... gilt nicht mehr als strafbar, der staatliche Strafanspruch ist untergegangen und das Verbrechen rechtlich getilgt" (S. 56); „... geht ... der staatliche Strafanspruch unter. Die Tat ... kann nicht mehr verfolgt werden und es bleiben auch sonst keinerlei Folgen der Tat zurück" (S. 67); „wenn ... eine rechtskräftig verhängte Strafe während eines längeren Zeitraums nicht vollstreckt worden ist, so kann die Strafe, da inzwischen der staatliche Strafanspruch untergegangen ist, auch nicht mehr vollstreckt werden" (S. 67); „der staatliche Strafanspruch, einen Bestraften als Verbrecher zu behandeln" (S. 70).

[302] 21. und 22. Aufl., Ausgabe letzter Hand, und 26. Aufl., Bd. I, 1932, bearb. v. EB. SCHMIDT, letzte Ausgabe; angesichts der völligen Begriffsverwirrung erforderte bereits eine Darstellung dessen, was in der heute (noch) gängigen Literatur unter „Strafanspruch" verstanden wird, eine eigene Abhandlung.

[303] 21. u. 22. Aufl., S. 1 Anm. 1.

bezeichne ich dieses Recht in seiner Anwendung auf den Einzelfall[304]. Zu beachten ist, daß von einem staatlichen Straf*recht* im subjektiven Sinne nur unter der Voraussetzung gesprochen werden kann, daß die an sich schrankenlose Straf*gewalt* des Staates in kluger Selbstbeschränkung *Voraussetzung und Inhalt* ihrer Betätigung (Verbrechen und Strafe) bestimmt hat[305] ..."

Inhaltlich meint *v. Liszts* Oberbegriff des ius puniendi zunächst einmal den Gegensatz zur vis puniendi („Strafgewalt"), mit anderen Worten: den zwischen Rechts- und Gewalt-Strafe. Dieser ergibt sich — modern ausgedrückt — aus dem Tatbestandsprinzip[306], der dogmatischen Konsequenz der Grundsätze nullum crimen et nulla poena sine lege poenali. Diese nicht ausdrücklich genannten, aber gemeinten Prinzipien leitet *v. Liszt* in doppelter Weise ab: einmal von der Evolution und Sublimierung der Strafe von der „Triebhandlung" zur Rechtsstrafe[307], zum anderen aus einer historisch an *Mommsen* und *v. Ihering* anknüpfenden[308], etwa der von *Georg Jellinek* entsprechenden[309] allgemeinen Staatslehre, die sich weitgehend als „System der subjektiven öffentlichen Rechte[310]" darstellen läßt. Eines dieser subjektiven öffentlichen Rechte ist dann das subjektive „ius puniendi".

### *cc) Kritik*

Aus einer solchen Denkfigur der allgemeinen Staatslehre lassen sich weder strafrechtliche noch strafprozeßrechtliche Begriffe ableiten. Aus ihr folgen vielmehr bestenfalls Maximen und Postulate, d. h. Auslegungsgrundsätze, deren Inhalt in diesem Zusammenhang sich etwa mit Tatbestandsprinzip und Analogieverbot wiedergeben ließe. Entsprechend schrieb *Eb. Schmidt* im selben Jahr, in dem die 26. Auflage des von ihm bearbeiteten *v. Liszt*schen Lehrbuches erschien, an anderer Stelle[311]: „Es ist hier nicht der Ort, genauer zu untersuchen, inwieweit es möglich ist, von dem Gegegebensein eines Strafanspruchs zu sprechen.

---

[304] Die 26. Aufl. stimmt mit dem Text nahezu wörtlich überein (S. 1). Lediglich an dieser Stelle hat EB. SCHMIDT sachlich verdeutlichend eingefügt: „... um zugleich die rechtsstaatliche Gebundenheit des Staates nach der Seite des Strafen-Dürfens hin auszudeuten ..." (S. 1 Anm. 1).

[305] Vgl. dazu v. LISZT, Zweckgedanke, Tl. III, „Die Objektivierung der Strafe".

[306] Vgl. EB. SCHMIDT, Handbuch, S. 568.

[307] Zweckgedanke, a. a. O.

[308] Auf die v. LISZT, Lehrbuch, 21. u. 22. Aufl. ebenfalls 26. Aufl., S. 1 Anm. 1 ausdrücklich hinweist.

[309] Vgl. G. JELLINEK, Allg. Staatslehre, S. 386: „Eine Herrschergewalt wird dadurch zur rechtlichen, daß sie eingeschränkt ist. Recht ist rechtlich beschränkte Macht."

[310] Vgl. den gleichlautenden Titel von G. JELLINEK.

[311] Handbuch, S. 568.

So weit damit das für das liberalistische Entstehungszeitalter des Strafgesetzbuches bedeutungsvolle, mit dem Erfordernis der ,Tatbestandsmäßigkeit' charakterisierte ,Strafen-Dürfen' des Staates im Verhältnis zum einzelnen Staatsbürger, also das an Schranken und Voraussetzungen rechtsstaatlich gebundene[312] subjektive ius puniendi des Staates gemeint ist, dürfte die zur Annahme eines Strafanspruchs führende Betrachtungsweise statthaft sein ..."

Wenn *Eb. Schmidt*[313] fortfährt: „Im Hinblick auf dieses ,Strafen-Dürfen' von einem Verzicht zu sprechen", sei „durchaus angängig und anschaulich", so muß ihm allerdings widersprochen werden: Entweder handelt es sich um eine gravierende Begriffsverschiebung, die von der rechtsstaatlichen Garantie nichts mehr übrig läßt[314], oder der Satz gilt nicht in dieser Allgemeinheit. So weit die gesetzlichen Voraussetzungen eines „Strafaufhebungsgrundes" feststehen, hat der Staat die Straf- und Vollstreckungsandrohung nicht geschaffen, die zur rechtsstaatlichen Bestrafung oder Vollstreckung Voraussetzung ist[315]. Dann könnte man allenfalls gleichsam naturrechtlich formulieren, der Staat habe rechtens uneingeschränkt auch für die den „Strafaufhebungsgründen" unterfallenden Taten Strafe und Vollstreckung androhen dürfen, was lediglich auf die Feststellung des fragmentarischen Charakters unseres Strafrechtes hinauskäme.

Die Begriffe „subjektives ius puniendi" und „Strafanspruch" sind nicht nur auf die allgemeine Staatslehre, sondern sogar auf inhaltlich bestimmte Systeme derselben beschränkt: Ihnen liegt die Vorstellung einer umfassenden Souveränität nach innen und außen zugrunde, die

---

[312] Etwa: nullum crimen et nulla poena sine lege und Due Process of Law, vgl. z. B. Eb. Schmidt, Lehrkommentar, I, Nr. 27 u. 28. Sofern bestimmte Systeme zur Darstellung dieser rechtsstaatlichen Garantien auf den Begriff „Strafanspruch" angewiesen sein sollten, ist festzustellen, daß er lediglich konstruktive Bedeutung für das jeweilige System, aber keine ontologische oder materiale juristische Bedeutung hat, die über die rechtsstaatlichen Garantien hinausgeht.

[313] Handbuch, a. a. O.

[314] So dient z. B. Beling, Strafprozeß, S. 272 f., der Strafanspruch dazu, das unrichtige Urteil als prozessual richtiges zum fehlerfreien Staatsakt zu machen, und bei Thoma, S. 608, heißt es: „Innerstaatlich also gibt es der souveränen Staatspersönlichkeit als Ganzem gegenüber keine subjektiven Rechte der Staatsuntertanen. Denn wo der angeblich Verpflichtete sich selber entpflichten darf, da wird nicht in der Weise des Rechts gesollt und hat deshalb der Befugte kein Recht." Daß Eb. Schmidt daran nicht gedacht hat, zeigt der nachfolgende Text. In einer Auseinandersetzung mit Gerland heißt es, einen Strafanspruch habe zwar der Staat, nicht aber „diejenigen staatlichen Behörden, ... die die Verfolgung, Aburteilung und Vollstreckung durchzuführen haben". Der Begriff hat also nur konstruktive Bedeutung und „der Gegensatz der Meinungen dürfte daher vor einer Verschiedenartigkeit der Betrachtungsweise verblassen" (Handbuch, S. 568).

[315] Vgl. z. B. §§ 336, 345 StGB.

z. B. das Verfassungsrecht der USA mit ihrem zentralen Begriff der Police Power[316] überhaupt nicht kennt. Ob sie nach dem Bonner Grundgesetz noch zulässig ist, kann angesichts von Staatsgründung bis Staatsauflösung unabänderlicher (Art. 79 III BGG) unmittelbar geltender Grundrechte[317] und Art. 25 BGG[318] immerhin bezweifelt werden. Aber selbst wenn man von ihr ausgeht, haben subjektive öffentliche Rechte nur Sinn in einem System, das die (Selbst)bindung des Staates als rechtliche anerkennt[319].

Es ist also methodisch unzulässig, wenn *v. Liszt* aus dem staatsrechtlichen Begriff des Strafrechts „in rein juristisch-technischer Betrachtung, gestützt auf die *Strafgesetzgebung*, Verbrechen und Strafe als begriffliche Verallgemeinerung ins Auge zu fassen, die einzelnen Vorschriften des Gesetzes, bis zu den letzten Grundbegriffen und Grundsätzen aufsteigend, zum *geschlossenen System* zu entwickeln[320]" verspricht[321].

Es ist deshalb keineswegs überraschend, daß der Begriff des Strafanspruchs im strafrechtsdogmatischen Teil des Lehrbuches mit seinem eingangs definierten Oberbegriff nichts mehr gemein hat. Unter der Überschrift: „Der Wegfall des staatlichen Strafanspruchs[322]" heißt es: „*Strafaufhebungsgründe* sind *solche nach Beendigung der Straftat eintretende Umstände, die den bereits entstandenen Strafanspruch vernichten* . . ., ohne die Strafbarkeit der Tat zu beseitigen[323]". Zu diesen zählt er außer Begnadigung und Verjährung — auf die der Satz für sein System zutreffen mag — insbesondere die Strafverbüßung, tätige

---

[316] Dieser Begriff hat nichts mit „Polizeigewalt" zu tun. Mit ihm wird auf dem Hintergrund etwa des contrat social der Umfang legitimer staatlicher Betätigung gegenüber der originären Freiheitssphäre der Bürger bestimmt (vgl. dazu WEISSENSTEIN, Stichwort „Police", S. 130 sub [3]). Deshalb kann auch z. B. im amerikanischen Staatsrecht das Problem der Drittwirkungen von Grundrechten überhaupt nicht entstehen.

[317] Volle Souveränität nach innen?

[318] Volle Souveränität nach innen und außen?

[319] Nicht anerkannt z. B. von THOMA, S. 608.

[320] 21. u. 22. Aufl., S. 1 f.; letzte Hervorhebung v. Verf.

[321] Man könnte von hier aus sagen, sein verdienter Ruhm begründe sich auch darauf, daß er dieses Versprechen nicht voll eingelöst hat. Es stand ohnehin in Widerspruch zu seinen eigentlichen Ansätzen. „FRANZ v. LISZT erstrebte ein kategoriales System der Verbrechenslehre — seltsam genug, daß der große Kriminalpolitiker als Strafrechtsdogmatiker im Banne des positivistischen Zeitalters, dem er angehörte, und im Geiste der liberalen Überzeugung, für welche der Gedanke der Rechtssicherheit im Vordergrund steht, überwiegend Logiker war, nicht Teleologiker! . . ." (RADBRUCH, Systematik, S. 160).

[322] 21. u. 22. Aufl., S. 271.

[323] Ebenda, S. 271.

Reue[324] und den Rücktritt vom Versuch[325]. Der Strafanspruch erscheint hier als eine Art Forderungsrecht, wie wir es aus dem Zivilrecht kennen, das man erfüllen (Verbüßung) oder über das der Staat eine Art Erlaßvertrag abschließen kann. Mit dem Recht „Strafe anzudrohen, sowie ... in seiner Anwendung auf den Einzelfall ‚konkretisierend' zu verhängen und zu vollstrecken[326]", hat das nichts mehr zu tun. Die „rein juristisch-technische Betrachtung", „begriffliche Verallgemeinerung" und das „geschlossene System[327]" lassen *v. Liszt* an dieser Stelle auch übersehen, daß jedenfalls beim Rücktritt vom Versuch die Strafbarkeit der Tat kraft Gesetzes fehlt. Die Zweifel, ob es sich bei diesem dann wirklich um einen Strafaufhebungsgrund handelt, werden dadurch gelöst, daß bei der Behandlung des Rücktritts die eigene Definition[328] nicht mehr eingehalten wird, „*der freiwillige Rücktritt* des Täters *hebt die Strafbarkeit (!) der Versuchshandlung auf*[329]".

c) Das Argument der Objektivität des Unrechts

Diesem Argument liegt wiederum eine bestimmte Auffassung vom Recht zugrunde. Trotz ihres logischen Vorranges kann sie in dieser Arbeit nicht behandelt werden. Eine Darstellung und ausführliche Stellungnahme, der sich Verf. grundsätzlich anschließt, gibt *Oehler* (Zweckmoment, S. 19—50). Der Text beschränkt sich auf einige Gedanken, die Verf. zum Verständnis dessen, was bei der Rücktrittslehre als Dogma erscheint, so wie für die Erhellung der eigentlichen Problemzusammenhänge für wichtig hält.

Die Lehre vom Strafanspruch ist nicht nur rechtstheoretisch unhaltbar, hinter ihr verbirgt sich vielfach noch ein weiterer — für die Rücktrittsproblematik bedeutsamer — Gedanke, der allerdings meist nur mittelbar erschlossen werden kann: „In dem Augenblicke, in dem die Grenzlinie zwischen straflosen Vorbereitungshandlungen und strafbarer Ausführung überschritten wird, ist auch die auf den Versuch gesetzte Strafe verwirkt. Diese Tatsache (!) kann nicht mehr geändert, nicht ‚nach rückwärts annulliert', nicht aus der Welt ge-

---

[324] Ebenda.

[325] S. 201.

[326] S. 1, Anm. 1.

[327] S. 1.

[328] Oben, vor Anm. 323.

[329] 21. u. 22. Aufl., S. 201; zunächst richtig Eb. Schmidt in der 26. Aufl.: „Wenn und so lange die vom Gesetz aufgestellte Bedingung der Strafbarkeit fehlt, liegt eine strafbare Handlung auch als versuchte nicht vor. Strafbarer Versuch ist daher nur dann anzunehmen und nach § 44 zu bestrafen, wenn die Bedingung der Strafbarkeit vorliegt, die Handlung selbst aber nicht bis zur Vollendung gediehen oder fehlgeschlagen ist" (S. 294 f.). Zu den objektiven Bedingungen der Strafbarkeit ähnl. 21. u. 22. Aufl., S. 111, 183; dazu im Widerspruch 26. Aufl. S. 315.

schaffen werden", beginnt *v Liszt*[330] das Kapitel über den Rücktritt vom Versuch. Diese Sätze scheinen auf den ersten Blick unverrückbar wie ein Naturgesetz[331], geben aber in Wahrheit Anlaß zu verschiedenen Fragen.

Zunächst einmal: gibt es überhaupt in dieser Weise eine „an sich" verwirkte Strafe? Das wäre der Fall, wenn die Strafe nicht nur Rechtsfolge, sondern bereits Seins-Folge des Verbrechens wäre. So schreibt z. B. *Oetker*[332]: „Das Strafrecht erwächst dem Staate aus dem Verbrechen. Aber er verzichtet auf die Ausübung dieses Rechts, so lange dessen Bestand nicht durch Urteil anerkannt ist. Das Urteil schafft dem subjektiven Strafrecht den öffentlichen Glauben und damit die Geltung." Mit anderen Worten: die *Seins*-Folge wird durch den Prozeß zur *Rechts*-Folge! *Die Rechtsfolge knüpft sich aber nie an den Sachverhalt, sondern nur an den* — festgestellten — *Tatbestand.* Das gilt auch für das Zivilrecht, obwohl dort die Ansprüche auch außerprozessual durchgesetzt werden können. Wird ein Anspruch außerprozessual durchgesetzt, so stellen die Parteien übereinstimmend den Tatbestand fest. Sind sie über ihn verschiedener Ansicht, so bedürfen sie zur Entscheidung eines Dritten, einer Instanz, die verbindlich über den Tatbestand entscheidet. Anders formuliert: Jede *Rechtsfolge* setzt *Rechtsanwendung* voraus; im Zivilrecht genügt die der Parteien, im Strafrecht aber nur (abgesehen vom Unterwerfungsverfahren nach der AO) die des Gerichts[333].

Mit dieser Gleichsetzung von Sein und Sollen, Verbrechenstatbestand und Verbrechen entstehen bereits alle von naturalistischen Geltungslehren her bekannten Schwierigkeiten. Es sei deshalb nur kurz auf folgendes hingewiesen: Das Verbrechen wurde zur ratio cognoscendi der Rechtsfolge, und wir müßten weiterfragen: wie können wir es erkennen? *Das, was als Verbrechen gilt, bestimmt doch erst das Recht, die Natur kennt weder Verbrechen noch Strafe.* Die im Strafrecht klassische Antwort lautet: „Das Recht ist dazu da, ein *äußerlich* geordnetes Zusammenleben der Rechtsunterworfenen zu gewährleisten. Gegenstand dieses ordnenden Rechtswillens ist die Feststellung (!) dessen,

---

[330] 21. u. 22. Aufl., S. 201; gleichlautend 26. Aufl., S. 315.

[331] In der naturalistischen Formulierung steckt die naturwissenschaftlich unbestreitbare Irreversibilität der Zeit.

[332] GS 108, S. 2.

[333] Vgl. ferner z. B. MEZGER, LK, Nr. 15 vor § 51: „Die Strafaufhebungsgründe setzen voraus, daß auf Grund des Verbrechens (!) ein Strafanspruch des Staates bereits entstanden (!), freilich nicht durch rechtskräftigen Strafausspruch festgestellt (!) ist; sie machen diese Strafberechtigung (!) wieder rückgängig und zwar ex nunc (!)." Vgl. dagegen z. B. EB. SCHMIDT, Lehrkommentar, I Nr. 29—31, Nr. 281: Auch er verwendet (Nr. 281) den Begriff des Strafanspruchs, seine Argumentation läuft aber im Kern darauf hinaus, daß die etwaige Bestrafung eines Täters, der eine strafbare Handlung begangen hat, rechtens, und auch materiell richtig ist.

was dieser Ordnung gemäß und was ihr zuwider ist. Diese Feststellung geschieht in den Normen des Rechts, die sich damit als *objektive Bewertungsnormen* erweisen, als Urteile (!) über (!) bestimmte Geschehnisse ... vom Standpunkt des Rechts aus ... Dieser Auffassung vom Recht entspricht die Auffassung der Rechtswidrigkeit, des Unrechts, als eines objektiven Widerspruchs gegen die Sätze, als einer *objektiven Verletzung der Bewertungsnormen* des Rechts[334]." Mit dieser Antwort beginnen aber erst die eigentlichen Schwierigkeiten: der Gedankengang führt zunächst von der sozialen Ordnungsfunktion des Rechts über einen anonymen Rechtswillen zu einer Objektivität der Bewertungsnorm. So weit mit der Objektivität der Norm gesagt sein soll, daß der zunächst subjektive „Rechtswille" — etwa des Gesetzgebers — sich im Gesetz objektiviert hat, so liegt darin nicht mehr als die rechtsstaatliche Garantie des Tatbestandsprinzips. Unser Problem wäre erst dann gelöst, wenn der Tatbestand in jedem Falle objektiv, d. h. ohne Interpretation in einem Sachverhalt festgestellt werden könnte. Auf die bereits erwähnte Gleichsetzung von Tatbestand und Verbrechen scheint auch der letzte Halbsatz *Mezgers* hinzuweisen, der eine (Sollens-) Normverletzung (Seins-Sachverhalt) annimmt.

Die Frage wäre erst dann wenigstens auf die allgemeine Problematik der Seins-Erkenntnis reduziert, wenn sich die Norm — getreu der bereits oben abgelehnten[335] Deskriptionsthese — mit rein logischen Mitteln entfalten ließe, etwa im Sinne der *Kelsen*schen Auffassung vom Recht als Sammlung hypothetischer Urteile[336]. Ohne auf die mit

---

[334] Mezger, Lehrbuch, S. 164; vgl. ferner die Nachweise S. 164 f. in Anm. 3.

[335] Vgl. Anm. 154.

[336] Die immer wiederkehrende Vermutung eines Zusammenhanges zwischen der rechtsstaatlichen Garantie des Tatbestandsprinzips und der Deskriptionsthese erklärt sich historisch aus dem Auslegungsverbot der Aufklärung als Schranke gegenüber gemeinrechtlicher Richterwillkür (vgl. dazu ausführl. Rob. v. Hippel, I, S. 276 nebst Anm. 4, S. 296 nebst Anm. 3, insbes. die Zitate in den Anmerkungen). Diese intendierte also — modern gesprochen — nicht mehr als das Tatbestandsprinzip. Daß es vielfach für durchführbar gehalten wurde (kritisch z. B. Feuerbach, Nachweise bei Rob. v. Hippel, I, S. 296) ist aus aufklärerischem Rationalismus wie auch vielfach mit diesem verknüpfter metaphysischer Spekulation zu erklären. Beispiele: Spinoza, „Ethica more geometrico", 1677, posth. ersch.; Leibniz, „Praestabilierte Harmonie"; für den Übergang vom 18. zum 19. Jahrhundert: Thibaut, § 10, S. 41 f.: „Die, den Worten widerstreitende logische Auslegung setzt eine unvollkommene Gesetzgebung voraus, welche unfähig ist, entweder ihre Grundsätze consequent anzuwenden, oder ihre Ideen sprachrichtig auszudrücken. Sie läßt sich also nicht ohne Ungereimtheit da anwenden, wo der Begriff einer menschlichen Unvollkommenheit nicht Statt findet, und Statt finden darf, nämlich nicht bey allen Gesetzen, denen man einen göttlichen Ursprung zuschreibt. Daß so manche das Gegenteil überhaupt, und so häufig in besonderen Fällen z. B. bey den mosaischen Ehe-

dieser Lehre zusammenhängenden rechtstheoretischen und rechtsphilosophischen Probleme einzugehen, kann aber bereits aus den Setzungsmethoden unseres geltenden Rechts[337] die Unbrauchbarkeit der Deskriptionsthese, jedenfalls gegenüber der lex lata festgestellt werden[338].

Da das Verbrechen offenbar nicht rein seinsmäßig erkannt werden kann, die konkrete Bewertungsnorm auch nicht rein logisch mit dem Gesetz vorgegeben ist, können Handlungen auch nicht mehr begründen als Rechtsverhältnisse, die im Prozeß gestaltet werden müssen. Über diese schrieb bereits *Wach:* „Rechtsverhältnisse sind ideell und wandelbar. Das bestehende Rechtsverhältnis ist beliebig veränderlich, *daher nicht unwandelbar durch die Thatsache selbst wie eine Thatsache bestimmt*[339 340]." Die Annahme umwandelbarer Rechtsverhältnisse vor Rechtskraft des Urteils hätte in einem Strafrecht, das weder die außerprozessuale „Erfüllung" noch ein Anerkenntnis oder Versäumnisurteil kennt[341], auch keinen eigenen Funktionswert, führte aber zu einer unerklärlichen Vorverlagerung der Rechtskraft in die Tat[342].

---

verboten annehmen, kann fast nur aus der herrschenden religiösen Kälte, und dem, sei es auch nur dunkel gedachten Unglauben der Mehrsten erklärt werden. Denn, wer mit voller Überzeugung eine göttliche Rede zu erkennen glaubt, wird, wie die älteren ... Theologen, mit wirklichem Abscheu an jede Umbildung des Gesagten durch logische Auslegung denken, indem darin nichts anderes liegt, als der Satz: Gott habe hier nicht gehörig zu schließen und zu reden gewußt."

337 Vgl. dazu näher oben nach Anm. 147.

338 Zutreffend z. B. SAUER, Allg. Prozeßrechtslehre, S. 234 mit den Kernsätzen: „Rechtskraft der (richterlichen) Urteile bedeutet Konkretisierung der Gesetze, überhaupt des abstrakten Rechts. Das rechtskräftige Gesetz ermöglicht rechtskräftige Urteile, die ihrerseits konkrete Gestaltungsnormen bindend für den Einzelfall schaffen." Ausführlich z. B. ARNDT, Rechtsprechende Gewalt, S. 5—32, mit Nachweisen. Im übrigen kann auf eine Vertiefung der methodologischen und prozessualen Fragen verzichtet werden.

339 S. 133; Hervorhebung v. Verf. vgl. a. E. v. HIPPEL, S. 42: „... daß eine Handlung im natürlichen Sinne allerdings nicht ungetan gemacht werden kann, da niemals die Kausalkette sich rückwärts aufrollen läßt. Ebenso sicher läßt sich jedoch jede Rechtsfolge, welche die Rechtsordnung an einen Tatbestand knüpft, auch für die Vergangenheit beseitigen." Vgl. ferner z. B. § 5 II StTilgG.

340 So ist wohl auch BINDINGS Lehre vom resolutiv bedingten Verbrechen, vgl. insbes. GS 68, 22 ff. zu erklären.

341 Zur umstrittenen scheinbaren Ausnahme des Unterwerfungsverfahrens der Finanzämter vgl. CORING, a. a. O.

342 Vgl. auch weiterführend GERHART HUSSERL, S. 146 ff., nach dem die Tat im Prozeß „abgebildet" wird. Auf diese interessanten Fragen, insbesondere auf die Zeitproblematik kann hier nicht weiter eingegangen werden.

### d) Das Argument der jederzeitigen Prädizierbarkeit der Handlung

Eine Variante der Lehre von der Objektivität des Verbrechens ist die der jederzeitigen Prädizierbarkeit der Handlung als rechtmäßig oder rechtswidrig, der rechtstatsächlichen Unwandelbarkeit der Rechtswidrigkeit[343]. Ihr gegenüber gilt das bereits zur „Objektivität des Verbrechens" Gesagte. Insbesondere hat auch die Rechtswidrigkeit „an sich" keinen Funktionswert, da sie immer auf bestimmte Rechtsfolgen hin konkretisiert werden muß. Damit soll nicht mehr behauptet werden als die funktionelle Abhängigkeit des Rechtswidrigkeitsurteils in den verschiedenen Konkretisierungsstufen, also materielle Dependence. Formal bleibt die Einheit der Rechtswidrigkeit und damit die der Rechtsordnung erhalten. Aus der Gleichförmigkeit des Prädikats aber auf die Gleichartigkeit der Subjekte zu schließen, ist logisch ebenso unzulässig wie der Rückschluß von der Identität der Handlung auf die gleichförmige Prädikation in verschiedenen rechtlichen Funktionszusammenhängen[344]. So kann z. B. eine Handlung schon „gegenwärtiger rechtswidriger Angriff" (§ 53 II) sein mit der Rechtsfolge, daß der Angreifer die Abwehr rechtens dulden muß, ohne daß damit logisch zwingend schon gesagt ist, der Angreifer habe bereits strafbares Unrecht verwirkt[345]. Die Frage, ob ich mich rechtens gegen einen Angriff wehren darf, steht zu der, ob der Angreifer, sofern er nur schuldhaft handelt, rechtens bestraft werden soll, in keinerlei logischem Zusammenhang. Die Notwehrbestimmung knüpft allenfalls[346] wie der Unternehmensbegriff[347] am *kategorialen* Versuchsbegriff[348] an, nicht aber an dem teleologischen des strafbaren Versuchs. Anderenfalles wäre übrigens, jedenfalls in teleologischen Systemen, die kein besonderes Verbrechensmerkmal der Strafbarkeit kennen, auch Notwehr z. B. gegen alle auf einfache oder gefährliche Körperverletzung abzielende Hand-

---

[343] Angedeutet schon bei MEZGER, ausgef. z. B. b. STÖGER, S. 48 u. passim, ferner S. 57: „Denn die Rechtmäßigkeit bzw. Rechtswidrigkeit einer Handlung muß für jeden Augenblick feststehen." Vgl. a. WELZEL, Lehrb. § 10 II; Das Denaturieren der Versuchshandlung zur Vordergrenze des Versuchs als Zurechnungspunkt (vgl. dazu o. b. Anm. 33 u. v. C II 2 a) findet darin seine Erklärung.

[344] Z. B. rechtswidriger Angriff = rechtswidrige mit Strafe bedrohte Handlung; auf diesem Denkfehler beruht z. B. die Kritik Kriegsmanns, ZStW 35, 318 f. an GOLDSCHMIDT.

[345] Anderer Ansicht — allerdings aus anderen als den im Text angeführten Gründen — LANG-HINRICHSEN, JR 1952, S. 184 ff. (187, rechte Spalte); vgl. auch BOCKELMANN, Teilnahme, S. 55 f.

[346] Wenn man bestreiten will, daß auch Vorbereitungshandlungen das Notwehrrecht begründen können; vgl. aber KOHLRAUSCH-LANGE, IV zu § 53.

[347] Vgl. dazu oben B II 3 a) bb) bei Anm. 276.

[348] Gegenwärtiger Angriff als Beginn der Ausführung.

lungen unzulässig[349]. Wollte man von „Stufen der Rechtswidrigkeit" reden[350], so würde die teleologische Bezogenheit der Rechtswidrigkeit in diese und damit das Subjekt in das Prädikat hineingezogen.

Trotzdem birgt die Lehre von der „Objektivität des Verbrechens" einen wahren Kern, der lediglich durch die *naturalistische* Ausdeutung der Deskriptionsthese korrumpiert worden ist: *die verbrecherische Handlung ist zwar nicht ontologisch objektives Verbrechen, wohl aber axiologisch.* Es ist wert- und sollenswidrig, und an den Wertideen der Tatbestände ist objektive Teilhabe des erkennenden Subjekts möglich. Diese Teilhabe ist aktiv und deshalb nicht unmittelbar[351].

## III. Der Rücktritt als Strafaufhebungsgrund

Dem Begriff des Strafaufhebungsgrundes „unterfallen" so disparate Erscheinungen wie Rücktritt vom Versuch, Amnestie, Begnadigung und Verjährung, von denen lediglich Amnestie und Begnadigung in ihrer materialen Ordnungsfunktion Übereinstimmungen aufweisen. Seine methodische Unzulässigkeit in teleologischen Systemen hat bereits *Radbruch* nachgewiesen: „Zur Durchführung des teleologischen Systems der Verbrechenslehre ist aber noch ein weiteres unumgänglich: die teleologische Einordnung jener durchaus zweckverschiedenen Rechtserscheinungen, die heute als Bedingungen der Strafbarkeit und als persönliche Strafaufhebungsgründe rein kategorial zusammengefaßt werden und eben deshalb bisher ihren Platz in der Verbrechenslehre nicht gefunden haben, — es sei denn, daß man die Verlegenheits- und Sammelrubrik eines der Tatbestandsmäßigkeit, Rechtswidrigkeit, Zurechenbarkeit angehängten letzten Verbrechensmerkmals der Strafbarkeit als einen würdigen Aufbewahrungsort für sie betrachtet. Unter dieser Rubrik dürfen nur diejenigen Strafbarkeitsbedingungen und persönlichen Strafausschließungsgründe zurückbleiben, durch welche die Strafbarkeit von Umständen abhängig gemacht wird, die mit der Strafwürdigkeit und somit der kriminalpolitischen Verbrecheneigenschaft der Tat und der kriminalpsychologischen Verbrechereigenschaft des Täters in keinerlei Zusammenhang stehen, wie etwa die Verbürgung der Gegenseitigkeit oder die Exterritorialität, während alle anderen Umstände dieser Art auf die anderen Rubriken der Verbrechenslehre aufgeteilt werden müßten[352]." „Nur in der Gestalt der Bedingungen der Strafbarkeit und der persönlichen Strafausschließungsgründe sind im heutigen System der Verbrechenslehre noch Reste kate-

---

349 Arg. §§ 223, 223 a, 43 II 1.

350 Rechtswidrigkeit qua Angriff, Rechtswidrigkeit qua Straftat.

351 Vgl. schon oben A III 5 b) cc) nach Anm. 165; näher kann auf diese Zusammenhänge nicht eingegangen werden.

352 Systematik, S. 170 f.

gorialer Begriffsbildung enthalten; denn die unter diesem Begriff zusammengefaßten Rechtserscheinungen sind durchaus zweckverschieden und nur durch das kategoriale Merkmal miteinander verbunden, die Strafe zu bedingen bzw. die Strafe für bestimmte Personen auszuschließen[353]."

Aber auch die aus kategorialer Systematik entwickelte subjektive Versuchstheorie geriete jedenfalls bei Einordnung des Rücktritts als Strafaufhebungsgrund in Schwierigkeiten. Da eine positive Inhaltsbestimmung des Strafaufhebungsgrundes nicht möglich ist, kann er nur negativ als außerhalb des Unrechts liegendes Moment definiert werden, auf dessen Voraussetzungen sich der Vorsatz nicht zu erstrecken braucht. Er erscheint also als negative objektive Strafbarkeitsbedingung[354]. Zugleich wird von dieser Theorie der objektiv formulierte Gesetzeswortlaut bewußt subjektivistisch ausgedeutet[355] als „Freiwilligkeit". Von den zahlreichen Problemen bei der Interpretation dieses Begriffs sind nun zwei für unsere Frage methodisch bedeutsam: wie ist zu entscheiden, wenn der Täter irrtümlich

a) die Tat für fehlgeschlagen (§ 46 1) oder entdeckt (§ 46 2) hält oder

b) den untauglichen oder fehlgeschlagenen oder entdeckten beendeten Versuch für durchführbar hält?

Machte man mit der systematischen Einordnung des Rücktritts als Strafaufhebungsgrund Ernst, so käme es ausschließlich auf die objektive Sachlage an. Mit dieser Lösung setzte sich aber die subjektive Theorie in krassen Widerspruch zu ihren eigenen kategorialen Grundlagen, und der Rücktritt erschiene als echte Systemwidrigkeit. Interpretiert man dagegen die „Freiwilligkeit" den systematischen Grundlagen entsprechend subjektiv[356], so wird die systematische Einordnung als Strafaufhebungsgrund zumindest fragwürdig. Entweder bezieht man die gesamte Versuchslehre nur noch auf den innersubjektiven

---

[353] A. a. O., S. 163; bezeichnenderw. paßt der v. LANG-HINRICHSEN, Probleme (insbes. S. 218 f.), entwickelte teleol. „Strafzumessungstatbestand" b. d. Strafaufhebungsgründen nur auf § 46. Da § 46 als ius strictum Straflosigkeit vorschreibt, ist es zwar logisch zulässig, aber teleol. sinnwidrig, ihn als Strafzumessungsgrund aufzufassen.

[354] GOLDSCHMIDT, Justizrecht, Festg. HÜBLER, S. 139; FINGER, GA 50, 36; BELING, Verbrechen, S. 55, Grundzüge, S. 56; WELZEL, Lehrb. § 10 V d; v. WEBER, Grundriß, S. 26; vgl. dazu BEMMANN, insbesondere S. 53, m. w. Nachw.

[355] Besonders deutlich bei M. E. MAYER, Versuch u. Teilnahme, S. 351 f. nebst Anm. 4; vgl. dazu oben sub B II 3 a) aa).

[356] Grundlegend die vielfach abgewandelte Formel von FRANK, Anm. II zu § 46; vgl. dazu z. B. BGH 7, 298; WELZEL, § 25 I; Rücktritt bei untauglichem Versuch möglich: RG 68, 83 (bei unbeendetem), BGH 11, 324 (bei beendetem).

Täterplan[357] mit der Folge, daß die Ausführungshandlung zum bloßen Indiz für die Tätergesinnung denaturiert wird, oder die Relevanz der objektiven Tatumstände wird abhängig gemacht von der Kenntnis des Täters. Bei der ersten Lösung ist der Vorwurf des Gesinnungsstrafrechts unvermeidlich. Darüberhinaus wird die Straflosigkeit der Fallgruppe b) in § 28 III E 1960 und 1962 vorgeschrieben, die lex ferenda würde also die gesinnungsstrafrechtliche Lösung ausdrücklich verbieten.

Demgegenüber geht die zweite Lösung unausgesprochen grundsätzlich von den objektiven Tatumständen aus, für die sie Vorsatz verlangt. Dann wird aber die Fallgruppe b) in Wahrheit über § 59 gelöst[358], und erscheinen die objektiven Rücktrittsmerkmale als negative Tatbestandsmerkmale[359] [360]. Die Behandlung der Gruppe a) ist etwas differenzierter: Der unbeendete Versuch wird aus subjektiven Gründen zum délit manqué, gleichfalls der untaugliche Versuch[361]. Beim beendeten Versuch müßte darüberhinaus entschieden werden, ob etwaige Verletzungsfolgen als vorsätzliche oder fahrlässige zugerechnet werden können[362].

In kategorialen Systemen sind zwar Strafausschließungsgründe zulässig; die subjektive Versuchslehre verbietet aber, den Rücktritt als solchen einzuordnen. Demgegenüber kann in teleologischen Systemen eine solche Gruppe von Deliktsmerkmalen überhaupt nicht aufgestellt werden.

---

[357] Etwa im Sinne der Lehre WELZELS vom Gesinnungsverfall.

[358] Ausdrücklich redet von Irrtum SCHÖNKE-SCHRÖDER, § 46 II 2b $\gamma$.

[359] Die hL mißt also bezüglich des Täters und der Teilnehmer genau so mit zweierlei Maß wie die österreichische Rechtsprechung, vgl. zu dieser B II 3 a) aa) am Ende.

[360] Auf deren nähere Ausdeutung kommt es hier nicht an.

[361] Nach der Lehre vom Umkehrschluß aus § 59 (vgl. zu diesem SPENDEL, ZStW 69, 441 ff.; SAX, JZ 64, 241 ff.) entspricht logisch dem versuchsbegründenden umgekehrten Irrtum bei negativen Begriffsmerkmalen der einfache Irrtum.

[362] Auf diese Frage ist hier nicht näher einzugehen.

## C. PROBLEMATISCHER TEIL

Nachdem der kritische Teil ergeben hat, daß weder die Wort-, historische und systematische Interpretation noch die der herrschenden Lehre zugrundeliegenden Dogmen der Teilnahme, des „Strafanspruchs" und des „Verbrechens an sich" ein tragfähiges Argument für die Auffassung des Rücktritts als Strafaufhebungsgrund bieten, diese vielmehr den Rücktritt und weitgehend schon den Versuch als Systemwidrigkeit erscheinen läßt, soll jetzt nach Ansätzen gesucht werden, die eine Antwort auf die nunmehr wieder offene Frage erlauben: Was ist die Handlung, auf die sich der Versuchsbegriff bezieht?

### I. Gefahrurteil und Bewertungsobjekt

Im ersten Teil ist das Wesen des Versuchs als konkrete Rechtsgutsgefährdung erarbeitet worden. Diese bedeutet rechtstheoretisch die Bewertung von Handlungen und Situationen als im Hinblick auf den Rechtsgüterschutz typisch unerträglich. Im Prozeß und abschließenden rechtskräftigen Urteil wird diese Bewertung konkretisiert. Es wurde weiter aufgezeigt, daß diese Konkretisierung in der allgemeinen Versuchslehre nicht geleistet werden kann.

Zunächst folgt aus diesen Ergebnissen für teleologische Systeme, daß der Beginn der Ausführung mit dem Hervorbringen einer konkreten Gefahr zusammenfällt[363]. Damit ist aber für ein fragmentarisches Strafrecht noch nicht entschieden, ob jede konkrete Gefahr im Vorfeld der Verletzung bereits strafrechtliches Versuchsunrecht begründet[364].

Da die konkrete Gefahr als solche keiner deskriptiven Differenzierung zugänglich ist, kann sie nur durch den Handlungstatbestand[365], das Rechtsgut[366] und schließlich den Umfang der Angriffsobjekte[367] bestimmt werden. Die Rechtsgüter ergeben sich beim Versuch als Straf-

[363] Näher kann hier auf die alte Streitfrage nicht eingegangen werden.

[364] Vgl. z. B. Oehler, Zweckmoment, S. 32: „Teilweise wird der Schutz nur von einer bestimmten Stufe der Angriffsintensität angegeben ..."

[365] Vgl. z. B. § 315 c Ziff. 2.

[366] Vgl. z. B. § 223 a „das Leben gefährdende Behandlung".

[367] „Gemeingefahr", z. B. in § 315 a a. F.

ausdehnungsgrund[368] eindeutig aus den Tatbeständen des Besonderen Teils. Die bloß bewertende Beziehung der Handlung auf das Rechtsgut vermag aber für unser Problem insofern nichts zu leisten, als die Intensität der Gefahr während der Handlung (Bewegung) nicht nur in einer Richtung variabel ist und das Gesetz nicht eindeutig auf einen bestimmten (idealen) Durchgangspunkt der Bewegung abstellt[369].

## II. Die Bewertungsnorm

Wenn auch eine deskriptive Differenzierung der Gefahr nicht möglich ist, so lassen sich doch aus Funktionszusammenhängen der Bewertungsnorm einige Anhaltspunkte für unser Problem gewinnen:

### *1. Bewertungsfunktion und Bewertungsobjekt*

Bei jeder Norm lassen sich zwei Stufen der Bewertung aufweisen: zunächst die der positiv-rechtlichen Norm vorangehende Bewertung im gesetzgeberischen Telos und Ethos. Trotz ihrer Verknüpfung mit der Intentionalität des Gesetzgebers ist sie nicht adressiert. Positivrechtliche Geltung erlangt sie vielmehr erst nach ihrer *Vertypung* durch die *Promulgation* — das ita ius esto — als *staatsrechtlichem* Ausdruck der imperativistischen Struktur unseres Rechts. Diese *abstrakt-generelle* Wertentscheidung setzt als solche nicht mehr als den Inhalt des Gesetzes, an den die Gerichte und Behörden rechtsstaatlich gebunden (Art. 20 III BGG) sind, also *Urteilsmaßstäbe*. Schon die Pflicht der Justizbehörden zur Strafverfolgung, Aburteilung und Vollstreckung kann nicht auf die Bewertungsfunktion der Norm zurückgeführt werden[370].

Demgegenüber vollzieht sich die *konkrete* Bewertungsfunktion der Norm erst in deren Anwendung auf historisch bestimmte Seins-Sachverhalte, die im Strafrecht auf den Prozeß beschränkt ist[371]. Formal be-

---

[368] Im Gegensatz zu den Gefährdungsdelikten, die auch Rechtsgüter-Allgemeinbegriffe kennen, vgl. dazu REINH. v. HIPPEL, S. 456.

[369] Im Gegensatz zu der subjekt. Theorie, die den Beginn der Ausführung für maßgebl. erklärt, aber m. d. Gefahrbegriff auch d. Beziehung a. d. Rechtsgut verliert, vgl. dazu oben A II 2 a).

[370] Ob diese prozessual als Justizgewährungspflicht (vgl. z. B. EB. SCHMIDT, Lehrkomm., I Nr. 5 ff.) oder rechtstheoretisch aus einem Befehl der Strafrechtsnorm selbst (so ENGISCH, Imperativentheorie) abgeleitet wird, ist in diesem Zusammenhang gleichgültig.

[371] Grundlegend: GOLDSCHMIDT: a) Justizrecht; b) Prozeß als Rechtslage, S. 211 ff., 227 ff. und öfter; KOHLER, Nachweis b. GOLDSCHMIDT (b), S. 154, in Anm. 841; vgl. ferner BELING, Strafprozeß, S. 1; SAUER, Allg. Prozeßrechtslehre, S. 234; PETERS, S. 10 f. m. Nachw.; EB. SCHMIDT, Lehrkomm. I Nr. 24 f., dazu PETERS a. a. O. in Anm. 20.

gegnet sie als *assertorisch-relationales Werturteil*[372], dessen Relaten deshalb notwendig *statisch* sein müssen[373].

Der Beschränktheit der Bewertungsnorm auf statische Objekte liegen erkenntnistheoretische und methodologische Probleme zugrunde, auf die hier nicht näher eingegangen werden kann. Es sei lediglich darauf hingewiesen, daß z. B. die Physiker weitgehend vor strukturell gleichartige Probleme gestellt sind, die sie als methodische Zurichtung des Erkenntnisobjekts z. B. in der Relativitätstheorie dadurch lösen, daß sie „die Zeit auf den Raum zurückführen und so das Werden auszuschalten bestrebt sind[374]". Eine entsprechende Zurichtung des *Täters* zum statischen Objekt ist dem Strafrecht verwehrt. Wollte man sie durchführen, so wäre die Schuld entweder gleich null[375] oder gleich unendlich[376], was logisch dasselbe bedeutet. Der Problemzusammenhang wird sichtbar, z. B. in *v. Liszts* provokatorisch gemeintem Satz: „Ist die *Tat* oder ist der *Täter* der Gegenstand unseres Urteiles[377]?"

Statisches Objekt der Bewertung kann deshalb nur die Tat[378], niemals aber der Täter als solcher sein[379], soll dieser nicht in ein fiktives „Präparat" umgefälscht werden. Über den Täter können vielmehr immer nur problematische Urteile (Prognosen, vgl. z. B. § 20 a StGB) gefällt werden.

---

[372] Das strafrechtliche Urteil ist als Bewertung deklaratorisch (vgl. z. B. SCHÄFER, S. 41) im Sinne der Behauptung von Typizität der Handlung und Vereinbarkeit der Interpretation mit dem Gesetz; als interpretatorische Normkonkretisierung dagegen konstitutiv im Sinne einer partiellen Bestimmung des Geltungsumfanges der Norm (vgl. z. B. PETERS, S. 11 nebst Anm. 22). Weder unsere strafrechtliche Gesetzgebungstechnik (Gewinnung des Rechtssatzes im Prozeß mit der Klammertechnik der Konkurrenzen) noch materiale Gewaltenteilung wären sonst möglich.

[373] Es kann ebenso wenig auf Grund eines zur Tatzeit möglicherweise geltenden Gesetzes verurteilt wie eine möglicherweise in Zukunft eintretende Verletzungsfolge (z. B. § 224) zugerechnet werden.

[374] RUGGIERO, S. 15; vgl. auch v. LAUE, S. 85; ferner WALZ, S. 43: „Ist aber die Theorie der Natur stets bestrebt, den historischen Naturablauf im Moment der Ruhe zu erfassen, eine Projektion in ein starres Koordinatensystem vorzunehmen, die Natur also im Grunde stets statisch festzulegen, so ist die Aufgabe der wahren Rechtstheorie umgekehrt, das Recht stets in einer normativen Reihe ... darzustellen ... im möglichen Bedeutungszusammenhang", vgl. a. S. 7 f.

[375] So folgerichtig die Schule der Sozialen Verteidg.

[376] Inhaltlich dann zu deuten als das absolute Schuldigsein des Menschen; ein Urteil, das weder dem Recht zukommt, noch rechtlich etwas Bestimmtes aussagt.

[377] Zweckgedanke, zit. nach Deutsches Rechtsdenken, Heft 6, S. 24.

[378] Vgl. OEHLER, S. 37 ff., 49 f. (37): „Die Bewertungsnorm zielt auf die Tat, aber nicht auf den Täter."

[379] Schon deshalb mußte der Versuch eines Tätertypenstrafrechts scheitern.

Mögliches Bewertungsobjekt ist die Tat aber nur, so weit sie bereits *geworden* ist, also nicht mehr *wird*, denn sonst entstehen die gleichen Schwierigkeiten wie bei der Bewertung des Täters. Die Tat ist also nur bewertbar, wenn und so weit sie sich vom Täter emanzipiert hat: „Die Vorstellung von der Bewertungsnorm setzt als bewertetes Objekt die vom menschlichen Willen losgelöste, geradezu in der Außenwelt abgelagerte Tat voraus[380].“ Dieser Zusammenhang wird an vielen Stellen unseres Strafrechts bedeutsam: Qualifizierende Folgen einer Körperverletzung (§ 224) können nur berücksichtigt werden, wenn sie bereits eingetreten, nicht aber, wenn sie „mit an Sicherheit grenzender Wahrscheinlichkeit“ zu erwarten sind; die konkrete Gefahr kann bei Sonderdelikten als eigenbedeutsamer Erfolg[381] zugerechnet werden, nicht aber die zu erwartenden Verletzungsfolgen[382] usw.

### 2. *Bewertungsfunktion und § 46*

a) in kategorialen Systemen

Die kategorialen Versuchstheorien lösen das Problem des Bewertungsobjekts damit, daß sie das assertorische Urteil auf die Feststellung des Beginns der Ausführung beschränken. So heißt es z. B. bei *Stöger:* „Wenn wir hier vom ‚Zeitpunkt der Tat‘ sprechen, so verstehen wir genau genommen darunter den Zeitpunkt, in dem die Grenze zwischen strafloser Vorbereitung und strafbarem Versuch überschritten wird[383].“

*Stöger* vertritt selber eine zwar objektive, aber zumindest in diesem Punkt kategoriale Versuchstheorie. Dementsprechend verlangt er, „daß gleichfalls beim Täter allein die Gefährlichkeit im Zeitpunkt des Versuchsbeginns maßgebend ist[384]“. Von diesem Standpunkt aus können über alles spätere Tun des Täters nur noch problematische Urteile (Prognosen) gefällt werden. Folgerichtig entzieht es sich damit der Bewertung, und der Rücktritt wird als systemwidriger „Strafaufhebungsgrund“ abgelegt. Das hat die für kategoriale Verbrechenslehren geradezu absurde Konsequenz, daß beim Versuch die Handlung nur noch in der *Vorbereitung* besteht, deren Enpunkt außerkategorial einmal als Indiz des Vorsatzes und zum anderen durch das Gesetz (§ 43) bestimmt wird. Dabei wäre z. B. gerade von den Finalisten eine Darstellung des Versuchs als erfolglose *Handlung* des düpierten Täters[385] zu erwarten gewesen. Sie können aber nach der Wahl des Standpunktes

---

380 OEHLER, Zweckmoment, S. 42; vgl. a. S. 49 f.

381 Vgl. dazu REINH. v. HIPPEL, S. 448 zu § 315 a a. F.

382 Z. B. § 229.

383 S. 48.

384 S. 57.

385 Etwa im Sinne des Schwankmärchens vom betrogenen dummen Teufel.

auf der äußeren Zeitlinie überhaupt nicht mehr anders lösen, weil sonst der Versuch kategorial als *werdendes* Verbrechen (crimen in itinere) erschiene und sich damit der Möglichkeit einer assertorischen Bewertung entzöge. Die Wahl des Standpunktes ist aber logisch nicht zwingend[386] und kategorial verfehlt, weil bereits die eigentliche Ausführungshandlung[387] außerhalb des Versuchsbegriffes bleibt.

b) in teleologischen Systemen

Was *funktionell* Objekt der Bewertung *sein kann*, bestimmt sich zunächst einmal nach dem Zeitpunkt der jeweiligen justizförmlichen Entscheidung. So kann z. B. nach Eröffnung des Hauptverfahrens wegen einfacher Körperverletzung (§ 223) der Täter nach Hinweis gem. § 265 II StPO wegen schwerer Körperverletzung (§ 224) verurteilt werden, wenn die Erblindung seines Opfers inzwischen nicht mehr nur hochgradig wahrscheinlich ist, sondern unzweifelhaft feststeht. Was dagegen zum Objekt der Bewertung *gehört*, ist eine Frage normativer *Relevanz*, denn „auch der Begriff der ‚Tat' ist ein teleologischer Begriff[388]". Die dem Urteil vorausgehenden Sachverhaltsfeststellungen sind immer nur ausgewählt und damit interpretiert. Mangelnde Unterscheidung zwischen Tauglichkeit zum und Relevanz als Bewertungsobjekt (oder Element desselben) hat gerade bei der Versuchsproblematik zu Mißverständnissen geführt: wenn z. B. *v. Liszt* zunächst den Versuch als „die auf Erfüllung des Tatbestandes gerichtete Willensbetätigung[389]" definiert, so liegt in dem weiteren Erfordernis

---

386 Teleologisch ohne nähere Erläuterung sogar unverständlich, weil die Deutung des Gesetzessystems nur sinnvoll ist im Hinblick auf die Möglichkeit konkreter Bewertungen, und der Richter nicht als Polizist während der Tat einschreitet: Gesetzliche Grundlage der Strafrechtspflege wäre sonst das PVG.

387 Folgerichtig z. B. BOCKELMANN, der die „objektivistische Rücktrittsregelung" für mit der subjektiven Theorie unvereinbar erklärt (Referat, S. 177). Befremdlich erscheint allerdings die Ansicht, daß bei Unzulänglichkeit einer Theorie das Gesetz dieser angepaßt werden muß: „Aus der in der ursprünglichen Fassung des Gesetzes vorgesehenen obligatorischen Strafmilderung für den Versuch und der objektivistisch gefaßten Rücktrittsregelung des § 46 geht hervor, daß das Gesetz von 1871 auf dem Standpunkt der objektiven Versuchstheorie gestanden hat. Das wird nicht dadurch widerlegt, daß die Auslegung gleichwohl unter der Herrschaft des alten Rechts zur subjektiven Theorie gelangt ist. Dieses beweist vielmehr nur, daß die Kraft des sich bildenden Gewohnheitsrechts immer stärker ist als die des Gesetzeswortes selbst. Dieses Gewohnheitsrecht zu legalisieren, ist wie ich glaube, die einzige Aufgabe, vor der der Reformgesetzgeber steht (a. a. O., S. 174)." Der Hinweis auf § 49 a (S. 171) ist angesichts der Fragwürdigkeit dieser Bestimmung wenig überzeugend.

388 LANG-HINRICHSEN, Probleme, S. 218.

389 21. u. 22. Aufl., S. 192.

der „konkreten Gefährlichkeit[390]" eine teleologisch interpretierende Einschränkung auf den Typus. Die Gefahr bedeutet dabei die Möglichkeit oder Wahrscheinlichkeit einer Verletzung. Das assertorische Gefahrurteil ist nicht eo ipso die Bewertung, sondern die mit ihm festgestellte Gefahr kann ebenso wie in dem abstrakt-generellen Gefährdungsverbot des Gesetzes Gegenstand konkreter Werturteile sein. Wenn nun *v. Liszt* im Gegensatz zur älteren objektiven Theorie für das Gefahrurteil eine nachträgliche Prognose *ex ante* fordert[391], die „nicht die erst durch den weiteren Verlauf aufgedeckten Umstände in Betracht ziehen[392]" darf, so liegt darin lediglich eine normative Aussage über die Relevanz von Elementen des realen Sachverhalts. Mit einem zeitlichen Standort der Bewertung hat das bei *v. Liszt* ebensowenig zu tun wie die ex-post-Prognose bei der älteren objektiven Theorie[393].

Beschränkte sich die Versuchsregelung auf die §§ 43—45, so wäre der Versuch bereits mit Eintritt konkreter Rechtsgutsgefährdung vollendet, ohne daß es auf die Beendigung der Handlung ankäme. Die Delikte, denen Versuchsbegriffe zugeordnet sind, unterschieden sich von den Unternehmenstatbeständen nur noch durch die Form der Darstellung. Alle weitergehenden Handlungsbezüge wären nicht mehr für den Deliktstatbestand, sondern nur noch für die Strafzumessung[394] relevant. Im geltenden Recht können dagegen mögliche, über die konkrete Gefährdung hinausgehende Handlungsbezüge jedenfalls nicht grundsätzlich als für den Versuchstatbestand irrelevant ausgeklammert werden, denn § 46[395] macht dessen Strafbarkeit in negativer Formulierung gerade vom Rücktritt abhängig. Insbesondere wäre es unzulässig, aus dem logischen Nacheinander von §§ 43, 46 auf ein zeitliches verschiedener realer Handlungen zu schließen[396]. Es ist vielmehr zunächst zu prüfen, ob bei Einbeziehen des § 46 in den Tatbestand eine vom Täter emanzipierte (statische) Versuchshandlung als Objekt der Bewertung erscheint.

Endgültig vom Täter emanzipiert ist phänomenal der reale Erfolg[397], *rechtlich* aber auch schon das formell vollendete Delikt[398], bei

[390] A. a. O., S. 200.

[391] A. a. O., S. 200.

[392] A. a. O.

[393] A. A. STÖGER, S. 48, der daraus das Postulat jederzeitiger und unwandelbarer Prädizierbarkeit der Handlung als rechtmäßig oder rechtswidrig ableitet.

[394] Auf den von LANG-HINRICHSEN entwickelten Strafzumessungstatbestand (Probleme, S. 218 f.) kann hier nicht eingegangen werden.

[395] Entsprechend § 28 E 60/62.

[396] Nachdrücklich warnt davor bereits HERZOG, S. 206 nebst Anm. 326.

[397] Deshalb ist der qualifizierte Versuch unabhängig vom Rücktritt strafbar.

[398] Deshalb keine Privilegierung nach § 46 beim formell vollendeten Delikt; vgl. z. B. BGH 10, 320 (322); BGH NJW 61, 83.

dem die Grenze zwischen Versuch (§ 43 I) als Strafausdehnungsgrund und Grundtatbestand überschritten ist. Aber auch in dem eigentlichen Spiel-Raum des Versuchs zwischen „Beginn der Ausführung" und Vollendung kann die Tat eigenmächtig werden. In jedem Augenblick kann dem Täter die Tatherrschaft entgleiten, die Tat fehlschlagen[399], „durch Umstände ..., welche von seinem Willen unabhängig waren" (§ 46 Ziff. 1). Das gilt auch für den untauglichen Versuch, dessen intentionaler Gegenstand dem Täter durch Erkennen von Seins-Sachverhalten oder Rechtsverhältnissen genommen werden kann[400]. Beim beendeten, aber noch nicht fehlgeschlagenen Versuch ist die Tat erst relativ verselbständigt, denn es mag sein, daß der Täter sie wieder einzuholen und den Erfolg weiterzusteuern oder abzuwenden (§ 46 Ziff. 2) vermag. Mit ihrer Entdeckung ist regelmäßig die Versuchsanordnung gestört. Die Rücktrittsvoraussetzung des § 46 Ziff. 2, daß „die Handlung noch nicht entdeckt war", ist u. E. für die teleologische Versuchslehre objektiv zu verstehen als Präsumption des Mißlingens der entdeckten Tat[401]. Die Vermutung ist deshalb auch damit widerlegbar, daß ausnahmsweise die Tat trotz ihrer Entdeckung durchführbar geblieben ist[402].

Alle Modalitäten der Beendigung des *strafbaren* Versuchs[403] haben also das für die Bewertung Wesentliche gemeinsam, daß sie stets vor

[399] Beim unbeendeten Versuch: das Opfer wehrt sich erfolgreich; der Nachschlüssel nützt nichts, weil die Tür verriegelt ist. Beim beendeten Versuch: das Opfer nimmt das Gift nicht, der Schuß geht fehl.

[400] Nach Aufklärung über die Harmlosigkeit von Kamillentee erweist sich der Täter im Weitertrinken nicht mehr als für das Rechtsgut Leibesfrucht gefährlich.

[401] Anders für die kategoriale subjektive Theorie, die in der Entdeckung eine täterbezogene Determinante sehen muß, die präsumptiv die Freiwilligkeit ausschließt.

[402] Beispiele: Grundsätzlich bei notwendiger Teilnahme; bei anderer Ansicht wäre z. B. Rücktritt bei §§ 240, 253 immer ausgeschlossen! Aber auch in folgendem Fall, den Verf. selber in der Praxis erlebt hat:

> Der Beschuldigte war von der ledigen Mutter seines etwa siebenjährigen Sohnes nach verschiedenen Zerwürfnissen und Versöhnungen endgültig an die Luft gesetzt worden. Er ließ ihr durch Nachbarn ausrichten, wenn sie das Kind noch einmal lebend sehen wolle, möge sie zu einer bestimmten, einsam gelegenen Stelle des nahegelegenen Flusses kommen. Als statt der Kindesmutter lediglich einige Nachbarn erschienen, ließ er sich mit dem Kind in das Wasser gleiten, beide wurden von der Strömung abgetrieben. Der Beschuldigte holte das schwimmunkundige Kind ein und reichte es den an der Böschung stehenden Rettern zu, die über keinerlei Rettungsmittel verfügten. An der Ernsthaftigkeit des Mord- und Suizidvorsatzes war kaum zu zweifeln. Da er sein Leben beenden wollte, spielte die von ihm herbeigeführte Entdeckung auch keine Rolle. Die polizeilichen Ermittlungsakten liefen unter „Mordversuch", Anklage wurde wegen gefährlicher Körperverletzung erhoben.

[403] Vgl. GOLDSCHMIDT, Versuch, S. 67.

dem maßgeblichen Bewertungszeitpunkt verwirklicht sein oder als nicht mehr realisierbar feststehen werden[404]. Die Einbeziehung des § 46 in den Tatbestand wäre *insoweit* rechts*theoretisch* unbedenklich.

### *3. Der Handlungsbegriff*

Alle herausgestellten Momente, die über das Mißlingen[405] und damit die Justiziabilität des durch § 46 nur eingeschränkt mit Strafe bedrohten (kategorialen) Versuchs entscheiden, sind vom Rücktrittsprivileg aus betrachtet täterbezogen. Dieses verlangt aber nicht nur die Tatherrschaft als solche, sondern darüber hinaus deren Ausübung in rechtsgüterschützenden Unterlassungen (§ 46 Ziff. 1) oder Handlungen (§ 46 Ziff. 2). Ob der Rücktritt auch *dogmatisch* in den Tatbestand als negatives Begriffsmerkmal eingeordnet werden kann, hängt nach dem Nachweis seiner Handlungsbezogenheit[406] nur noch von der weiteren Frage ab, ob dies der jeweilige im System zugrunde gelegte Handlungsbegriff erlaubt.

Für kategoriale Systeme kann sie ausgeschlossen sein, weil der Rücktritt einen neuen Entschluß voraussetzt, der der Handlung eine andere Richtung gibt. So beruht z. B. die jüngste Monographie über unser Problem im Grunde genommen auf einem Satz: „Der Begehungsentschluß zusammen mit der Ausführungstätigkeit stellt eine abgeschlossene Handlung dar[407]."

Die gesamte Kritik an den sogenannten „Rechtstheorien" geht von dieser Prämisse aus: „Wie *Herzog* ... verfällt ... *Binding* der verführerischen Lehre von der Gesamtbetrachtung[408]." Sachlich wird *Binding* dann nicht mehr entgegengesetzt als die Behauptung: „Freilich ist eine atomistische Betrachtungsweise vom Übel ...", aber die „Betrachtungsweise des StGB" sei „grundsätzlich atomistisch" und „auch die §§ 43, 46 gehen von einer ‚atomistischen' Betrachtungsweise aus[409]". In der gleichen Weise wird mit zahlreichen anderen Autoren verfahren. In Wahrheit liegt die „atomistische Betrachtungsweise" überhaupt nicht im Gesetz, sie folgt vielmehr aus dem gewählten kategorialen System und dessen naturalistischem Handlungsbegriff, der hier noch nicht einmal konsequent angewendet wird. Schließlich steht auch ein „atomistischer" kategorialer Handlungsbegriff der Einordnung des § 46

---

[404] Vgl. ARZT, S. 5: „Jede Tat, die beim Versuch steckenbleibt, schlägt fehl ..."

[405] Vgl. zum Mißlingen FIEDLER, Versuch, Kap. 3 u. 4 (Modell der Fehlhandlung); HALL, a. a. O.

[406] Vgl. zu deren Bedeutung LANGE, JR 49, 168; vgl. ferner ROXIN, Täterschaft, S. 329, zustimmend WELZEL, Vom Bleibenden, S. 12, Anm. 25.

[407] GUTMANN, S. 17 u. öfter.

[408] S. 22.

[409] A. a. O.

in den Tatbestand nicht entgegen: der Rücktritt ist nicht nur wegen des objektiven Gesetzeswortlautes *negative* Bedingung der Strafbarkeit, der positiv beim unbeendeten Versuch das Abschließen der Handlung (§ 46 Ziff. 1) und beim beendeten das Abwarten bis zum Fehlschlagen oder Erfolgseintritt (§ 46 Ziff. 2) korrespondiert. Auf die Handlung bezogen entsprechen diese Zäsuren der Beendigung und Vollendung. Von diesen kann auch bei kategorialen Handlungsbegriffen die Tatbestandsmäßigkeit abhängig sein. Die negative Zuordnung des Rücktritts zum Tatbestand ist in Wahrheit erst dann ausgeschlossen, wenn der Versuch als Verbrechensentschluß oder Gesinnungsverfall[410], also als *handlungsloses* Verbrechen gedeutet wird. Der „Beginn der Ausführung" hat dann nur noch Bedeutung als Indiz des Vorsatzes (Beweisregel).

Schwierigkeiten hinsichtlich des Handlungsbegriffs können in teleologischen Systemen überhaupt nicht entstehen, denn für sie ist „auch der Begriff der ‚Tat' ... ein teleologischer Begriff[411]". Handlung und Tat sind zunächst einmal keineswegs Synonyma[412], und was rechtens unter der Tat zu verstehen ist, bestimmt das Gesetz. Das beweist nicht nur die Verkürzung um kategoriale Bezüge z. B. bei Unternehmens- und Gefährdungstatbeständen, sondern auch deren Erweiterung, insbesondere in der Konkurrenzlehre[413], auf die sich *Gutmann* zu Unrecht zum Nachweis des gesetzgeberischen „Atomismus" beruft[414]. Gerade in der jüngeren Rechtsprechung des BGH wird der Rücktritt zunehmend teleologisch in die Handlung „ganzheitlich" einbezogen[415]. So heißt es in der grundlegenden Entscheidung BGH 9, 48 ff. (52): „Steht der Täter von dem begonnenen Versuch freiwillig ab, so zeigt sich darin, daß sein verbrecherischer Wille nicht so stark war, wie es zur Durchführung der Tat erforderlich gewesen wäre. Seine Gefährlichkeit,

---

[410] Vgl. dazu oben A II 2.

[411] Lang-Hinrichsen, Probleme, S. 218.

[412] Wie Gutmann offenbar meint, vgl. o.

[413] Daß auch der Begriff der Handlung ein teleologischer Begriff ist, hat für die Konkurrenzlehre bereits Honig nachgewiesen: zunächst wird von ihm negativ herausgestellt, daß es weder auf das zeitliche Nacheinander, noch auf die Entschlüsse oder die Verschiedenartigkeit der Tätigkeiten ankomme: für eine „natürliche Auffassung" sei deshalb kein Raum. Anschließend heißt es positiv: „die Antwort kann nur dem § 73 StGB ... zu entnehmen sein: Wenn durch eine Handlung mehrere Strafgesetze verletzt sein müssen, damit diese als ideal- und nicht realkonkurrierend in Betracht kommen können, dann folgt daraus, daß auch bei Grenzfällen anstelle des realen Neben- bzw. Nacheinander das ideale Nebeneinander der mehrfachen strafrechtlichen Bedeutung als für die Idealkonkurrenz entscheidender Faktor zu treten hat" (S. 21).

[414] S. 22.

[415] Allerdings ohne Aufgabe der subj. Theorie oder d. Einordnung als Strafaufhebungsgrund.

die im Versuch zunächst zum Ausdruck gekommen war, erweist sich nachträglich als wesentlich geringer . . .[416]." Methodisch falsch ist der anklingende Gedanke, *eine Prognose könne widerlegt werden.* In Wahrheit wird eine Prognose weder widerlegt noch bestätigt. Sie kann auf falschen Ansätzen beruhen, aber auch als richtige überholt sein. *Das Rücktrittsprivileg* verlängert nicht nur die Wirkung der Spezialprävention, sondern *bewahrt gerade vor einer Prognose* und der Gefahr einer „Self-Fullfilling-Profecy[417]", richtig erkannt in dem weitverbreiteten Argument, daß ohne Relevanz des Rücktritts für den Täter ein Anreiz bestehe, die Tat zu vollenden, da er ohnehin straffällig sei[418]. Der dem BGH unterlaufene Fehler ist aber in unserem Zusammenhang insofern belanglos, als es sich um eine Deutung des Rücktrittsprivilegs handelt: „Aus diesem Grund sieht das Gesetz davon ab, den ‚Versuch als solchen' zu ahnden. Denn eine Strafe erscheint ihm nicht mehr nötig, um den Täter für die Zukunft von Straftaten abzuhalten, um andere abzuschrecken und die verletzte Rechtsordnung wieder herzustellen. Besonders den ersten Zweck und den Gedanken der Gerechtigkeit hält das Gesetz für besser gewahrt, wenn es dem Täter den verbrecherischen Entschluß, den er rechtzeitig aufgegeben hat, nicht mehr zurechnet[419]." Unter Beibehalten der subjektiven Theorie wird hier also der Rücktritt in die zu bewertende Versuchshandlung aufgenommen[420]. Dieses Ergebnis wird von BGH 10, 129 bestätigt und weiter ausgeführt: „Natürliche Handlungseinheit liegt regelmäßig auch dann vor, wenn der Täter denselben Tatentschluß nach dem unerwarteten Fehlschlag des ersten Mittels unmittelbar an-

---

[416] Die Annäherung an die sogenannten „Rechtstheorien", insbesondere Infirmitäts- (Zachariä, Versuch, II, S. 241) und Präsumptionstheorie (Herzog, 155, 174 f.) ist nahezu vollkommen. Der — vom heutigen Kodifikationsstand aus gesehen — grundlegende Fehler nahezu aller „Rechtstheorien" bestand darin, daß die Relevanz des Rücktritts nicht aus dem Gesetz begründet, sondern aus kategorialen Grundlagen des Systems abgeleitet wurde. Das war zur Zeit des Gemeinen Rechts vollkommen legitim, führte aber seit dem RStGB zu reaktiven Polemiken gegen die inhaltliche Deutung des Rücktritts in den verschiedenen Systemen. Auf diese kommt es außerhalb der inzwischen historischen Systeme aber überhaupt nicht an, so daß auf deren Darstellung verzichtet werden kann. Teils aus der Polemik, teils aus kategorialen Grundlagen neuerer Systeme haben sich dann die im kritischen Teil aufgezeigten Dogmen entwickelt.

[417] Vgl. dazu Merton, S. 421 ff.; Heintz, S. 35 ff.

[418] Vgl. z. B. Schönke-Schröder, Bem. I 1.

[419] BGH 9, 48 (52). Der letzte Halbsatz ist nur vom Boden der subjektiven Theorie aus verständlich, nach der Strafgrund des Versuchs der böse Wille ist.

[420] Seine Einordnung als Strafaufhebungsgrund ist deshalb nicht mehr recht verständlich. Im Hinblick auf das Teilnahmeproblem hätte die Annahme eines Schuldbefreiungsgrundes (Schönke-Schröder, Bem. V) genügt.

schließend mit einem anderen Mittel zu verwirklichen versucht. Der zweite Tatabschnitt ist jedoch dann als selbständige Handlung zu werten, wenn es dem Täter ursprünglich auf die Verwendung nur eines *bestimmten* Mittels ankam. Der Rücktritt von dem — nur bis zum Versuch gediehenen — letzten Tatabschnitt erfaßt die ganze Handlungseinheit, sofern dieser Teil des Gesamtgeschehens nicht selbständig ist[421]." Vielleicht am deutlichsten wird die grundsätzliche Einbeziehung des Rücktritts in die Handlung bei der Entscheidung 11, 324[422], in der unter Abkehr von der jahrzehntelangen Rechtsprechung des RG strafbefreiender Rücktritt vom beendeten untauglichen Versuch angenommen wird[423].

*Die Einbeziehung des Rücktritts in den Tatbestand ist sowohl bei teleologischen als auch kategorialen Handlungsbegriffen zulässig.*

## III. Versuch einer teleologischen Deutung des § 46 und dessen Einordnung in den Tatbestand

### *1. Die Bedeutung des Spiel-Raumes beim Versuch*

Die *dogmatische* Differenzierung der Handlung in Motivation, Plan, finale Überdetermination, Handlungsentschluß, Entscheidung über das Hier und Jetzt der Tat, Beginn der Ausführung, Durchführung usw. ist zwar logisch zulässig, birgt aber die Gefahr, jedem Begriff einen *selbständigen Gegenstand im realen Geschehensablauf in zeitlicher Aufeinanderfolge* zuzuordnen. Im einzelnen Fall mag die Tat sich sogar entsprechend entwickeln[424], in zahlreichen Fällen klärt sich aber bereits die Motivation erst im Vollzuge der Tat. Bei den vorsätzlichen Tötungsdelikten z. B. ist dies die Regel. Entsprechend lautete die alte Fassung des § 211: „Wer vorsätzlich einen Menschen tötet, wird, *wenn er die Tötung mit Überlegung ausgeführt hat*[425], wegen Mordes ... bestraft[426]." Daß die Tat sogar vollendet sein kann, bevor die Motivation ausgetragen ist, zeigt besonders deutlich folgender Fall:

---

[421] Wie weit der BGH die Handlung teleologisch zu bestimmen bereit ist, zeigt auch die Entscheidung NJW 57, 190.

[422] Anmerkung von Lange in JZ 58, 671.

[423] In Übereinstimmung mit § 28 III E 60/62 und der überwiegenden Meinung in der Lit. (Nachw. b. Arzt, S. 1 in Anm. 2).

[424] Z. B. bei gewohnheitsmäßiger Versorgung mit Rauchwaren durch Aufbrechen von Automaten.

[425] Hervorhebung v. Verf.

[426] Entsprechend heute noch weitgehend das ausländische Recht.

„Frau (X) hatte mit ihrem Kind die ihr befreundete Ärztin aufgesucht. Die Frauen tranken Alkohol und sprachen über das Schicksal des kleinen Alexander, der ohne Arme und Beine geboren worden war, auch über die Tötung eines ebenfalls mißgebildeten Kindes in Lüttich, dessen Mutter... freigesprochen worden war. Nach den Ermittlungen... äußerte Frau X bei der Ärztin, es sei doch besser, wenn das Kind nicht mehr leben müsse. Sie soll die Ärztin gebeten haben, doch entsprechend zu handeln. Die Ärztin sprach von einem schmerzlosen Mittel. Schließlich injizierte sie dem Kind eine Dosis des Schlafmittels, von der sie wußte, daß sie tödlich wirken mußte. Dabei muß der Dreijährige wachgeworden sein und geschrieen haben. Frau X eilte zum Telefon, um dem Polizeinotruf anonym mitzuteilen, in der Praxis von Frau (Y) werde ein Mord versucht. Während dieses Anrufs gab die Ärztin dem Kind sofort zwei Spritzen, die das Herz wieder stärken sollten. Die Beamten... ließen das Kind sofort in die Universitätsklinik bringen... Niemand ahnte, daß Alexander eine starke Schlafmitteldosis erhalten hatte. Deshalb konnte er auch nicht entsprechend behandelt werden. Der Junge starb knapp sechs Stunden später. Erst danach erklärte die Ärztin der Polizei, daß sie — auf Drängen der Mutter — eine Schlafmittelinjektion verabreicht hatte. Frau X gab an, sie habe zwar gesagt, es wäre besser, wenn der Junge nicht mehr leben würde, den Tod von Alexander aber nicht ernstlich gewollt und schon gar nicht verlangt[427]."

In extremen Fällen kann sogar die Möglichkeit zur Motivation vor Ausführung der Tat gefehlt haben[428].

Da der Mensch vielfach nicht erst vorbedacht als animal rationale zu handeln beginnt, vielmehr oft von Antrieben getragen mit Möglichkeiten spielt, entspricht „der Versuch ... mehr dem Wesen des Menschen, weil er ihn gleichsam an den Anfang stellt und ihm noch alle Möglichkeiten offenläßt. Der Eintritt nur einer Möglichkeit aber — die Vollendung — ist oft enttäuschend[429]", denn „Versuchen macht Spaß, Vollenden ist langweilig[430]". Dabei geht es nicht nur um den Motivationsinhalt, sondern zugleich um das Problem, daß aus der Variationsbreite der Potenz immer nur ein kleiner Ausschnitt unter Verlust aller anderen Möglichkeiten in Akten realisiert werden kann und schließlich vielfach die Bedeutung einer bestimmten Potenz erst im Akt erfahren wird[431]. Diese Bezüge sind allgemein menschlich, und

---

427 „Tödliche Spritze für ein mißgebildetes Kind", Frankf. Allg. Ztg. vom 1. 10. 1963.

428 Vgl. die Rechtsprechung zur Exkulpation beim sog. „Affektsturm" (BGH 11, 20; BGH 1 StR 365/52 bei DALLINGER MDR 1953, 146; OGH 3, 23, 82). Vgl. dagegen WELZEL, Vom Bleibenden, Anm. 45 (S. 20): „Man sieht nur noch ‚rot', aber man sieht!" und die sonst unverständliche Unterscheidung zwischen verschuldetem und unverschuldetem Affekt.

429 HALL, S. 458.

430 Ebenda, S. 464.

431 Besonders eindringlich geschildert von SCHILLER, „Wallensteins Tod" I, 4; vgl. dazu auch OEHLER, S. 50.

eine vom Erfolgseintritt unabhängige *lückenlose* Poenalisierung des Versuchs nähme dem Menschen einen zur Selbsterfahrung wichtigen Spiel-Raum[432]. Darin läge ein Widerspruch zum Erziehungsgedanken im modernen Strafrecht.

Sicher gibt es zahlreiche Fälle, bei denen das durch den Rücktritt straffreie crimen in itinere sich außerhalb des gemeinten Spiel-Raumes ereignet. Teleologischem Denken erscheint das Strafrecht aber als fragmentarisch katexochen[433] und damit der Preis kategorialer Strafbarkeitslücken für die im Recht immer notwendige Formalisierung, Praktikabilität und insbesondere die Absage an kategorialen Rigorismus nicht zu hoch. Gerade der Ausschluß differenzierender Prüfung durch die objektivistische Formulierung der Rücktrittsbestimmung bedeutet deshalb u. E. keinen Mangel. Er verleiht vielmehr § 46 erst die Praktikabilität, wie die prinzipiellen Schwierigkeiten einer Definition der „Freiwilligkeit" bei subjektiver Deutung und die immer wieder gescheiterten Versuche ethischer Differenzierungen[434] beweisen, denn auf Motivation und Entschluß kann immer nur aus der Tat geschlossen werden.

### 2. *Die Strafbedürftigkeit*

Wenn auch teleologischer Systematik das Fragmentarische immanent ist, so kennt sie doch den Begriff der Strafbarkeitslücke: Grundsätzlich soll das Straf*bedürftige und* Straf*würdige* auch straf*bar* sein. Dabei kann im einzelnen ebensowohl die Strafbedürftigkeit und -würdigkeit kontrovers sein, als auch die Strafbarkeit fehlen. Negativ reichte aber zur Rechtfertigung des Rücktrittsprinzips der Nachweis aus, daß General- und Spezialprävention der Versuchsstrafdrohung gewahrt bleiben.

#### a) beim Täter

Einmal dient § 46 insofern zur Verlängerung der Prävention als dem Täter dadurch, daß er noch nicht unentrinnbar Strafe verwirkt

---

[432] Anklänge nicht nur bei den sog. „Rechtstheorien", sondern auch beim Gedanken geringerer krimineller Energie (vgl. z. B. RG 14, 19 [23]; BGH 9, 48 ff. [52]), der gerechten Belohnung (vgl. z. B. BOCKELMANN, NJW 55, 1417 m. ausf. Darstell. d. Deutungsversuche) usw. Der Zusammenhang wird dadurch verdunkelt, daß die Rechtfertigung des Prinzips zu einer kategorialen Deutung der einzelnen Handlung hypostasiert wird.

[433] Vgl. dazu insbes. PETERS, S. 13 ff., 32 nebst Anm. 68: „... die Formulierung: ‚eine strafbare Handlung ist nicht vorhanden ...' ist nicht Ausfluß dogmatischer Unfähigkeit, sondern gesetzgeberischer Weisheit. Ihr ist gegenüber der differenzierenden Einstellung des Entwurfs der Vorzug zu geben", und S. 43.

[434] Zuletzt BOCKELMANN, NJW 55, 1417 ff.

hat, kein zusätzlicher Anreiz zur Tatvollendung geboten wird[435]. Dieses Aufrechterhalten der Spezialprävention dient aber primär nur noch dem Schutz der *Angriffsobjekte*, und es muß gefragt werden, ob damit nicht zugleich General- und Spezialprävention untergraben und dem Täter ein straffreier Spiel-Raum zugebilligt wird, der ihm erlaubt, die günstige Gelegenheit geringsten Risikos auszumachen[436].

Sobald die Vordergrenze des Versuchs überschritten ist, läuft der Täter jederzeit Gefahr, daß die Tat entdeckt und/oder aus sonstigen, „von seinem Willen unabhängigen" Umständen scheitert. Entsprechend ist es für ihn ungewiß, ob es ihm beim beendeten Versuch noch einmal gelingen wird, die Tatherrschaft wiederzuerlangen. Das Probieren ist also keineswegs gefahrlos und kann jederzeit vor dem Richter enden. Da für die Straflosigkeit nicht nur die Rücktrittssituation verlangt wird, die jederzeit vorüber sein kann, sondern darüber hinaus in dem Abstehen von der Durchführung oder Abwenden des Erfolges ein Verzicht auf die erstrebten Früchte der Tat, bleibt nicht nur die Spezial-, sondern auch die Generalprävention gewahrt[437]. Beim Rücktritt fehlt also bereits die Strafbedürftigkeit[438 439].

b) beim Teilnehmer

Nimmt man mit Strafe bedrohten Versuch erst nach Fehlschlagen des crimen in itenere an und ordnet den Rücktritt als negatives Begriffsmerkmal des Versuchs ein, so qualifizieren sich Teilnahmehandlungen bei Rücktritt des Täters als nach geltendem Recht grundsätzlich[440] straflose versuchte Anstiftung oder Teilnahme. Mit dem Rücktritt des Täters wird der Teilnehmer um den Erfolg geprellt[441]. Die Vorstellung, daß es straflos sei, „Versager" anzustiften oder ihnen zu

---

435 Vgl. o. Anm. 417.

436 Dieses Problem ist an sich unabhängig von der Frage der Einordnung in den Tatbestand oder als Strafaufhebungsgrund.

437 Vgl. a. FRANK, VDA V, 194: „Ganz anders liegen die Dinge, wenn man den Gedanken fallen läßt, daß zum Versuch die Nichterreichung des beabsichtigten Erfolges gehört, und sein Wesen vielmehr in der Nichtverwirklichung des Vorsatzes findet. Auf diesem Standpunkt steht schon jetzt... die deutsche Praxis, aber es ist fraglich, ob er sich mit dem Wortlaut des Gesetzes in Übereinstimmung bringen läßt."

438 Die Rücktrittsmotive (vgl. z. B. BOCKELMANN NJW 55, 1417 ff.) sind dafür gleichgültig; hM.

439 Anerkannt in der grundlegenden Entscheidung BGH 9, 48 ff.

440 Ausnahme: § 49 a StGB, § 35 E.

441 Anders bei Straflosigkeit des Täters wegen Schuldunfähigkeit (§ 51) oder Privilegierung wegen besonderer persönlicher Verhältnisse im Besonderen Teil (z. B. §§ 218 I, 247 II). Deshalb ist in diesen Fällen die Akzessorietät limitiert (§§ 50, 218 III, 247 III). Zu den Irrtumsfällen beim Rücktritt des Täters s. unten 4 b).

helfen, vermag die Prävention nicht zu untergraben. Die Strafbedürftigkeit könnte deshalb bei der Teilnahme nur aus der Gefährlichkeit der Teilnahmehandlung selbst begründet werden. Diese steht aber in keiner bestimmten Beziehung zu dem Verhalten des Täters. Die Kritik an der Straflosigkeit des Teilnehmers bei Rücktritt des Täters müßte sich deshalb prinzipiell gegen die Akzessorietät der Teilnahme richten. Im übrigen besteht die Möglichkeit, zum besonderen Schutz bestimmter Rechtsgüter oder gegen bestimmte Angriffe die Akzessorietät durch Umwandlung in Unternehmenstatbestände zu durchbrechen[442]. Von der allgemeinen Versuchslehre aus gesehen sind also auch die Teilnahmehandlungen bei Rücktritt des Täters nicht strafbedürftig.

### *3. Die Einordnung des Rücktritts in den Tatbestand und der Imperativ*

a) Die Imperativentheorie

Beschränkt man die Norm funktionell auf die Bewertung, so ist sie nicht adressiert[443]. Eine Beziehung zwischen ihr und dem Täter kann dann nur noch *psychologisch* hergestellt werden, so weit dieser sich hedonistisch motivieren läßt, sei es als animal rationale im Sinne der Aufklärung (z. B. *Feuerbach*) oder als sonst domestizierbarer (z. B. im Sinne *Pawlows*). Rechtlich bliebe ihm „die Wahl zwischen Tötung und Nichttötung, zwischen Zuchthaus und Freiheit[444]", während das Strafrecht als bloße Zwangsordnung[445] erscheint. Das Recht ist dann Wille[446] und Macht[447] des Gewalthabers.

Die bei der Bewertungsfunktion fehlende Beziehung zwischen der Norm und den Rechtssubjekten herzustellen, dient die mit der Impe-

---

[442] Vgl. dazu oben B II 3 a) bb).

[443] Vgl. Oehler, Zweckmoment, § 2.

[444] Engisch, Einführung, S. 31, der dies als „schnödes Mißverständnis" bezeichnet.

[445] Vgl. z. B. Oehler, Zweckmoment, S. 22.

[446] Das Rechtliche am Rechtssatz ist dann nicht mehr sein Inhalt, sondern die Promulgation, das ita ius esto, deutlich ausgesprochen z. B. bei Nowakowski, ZStW 63, 290. Das gilt auch für voluntaristische Imperativentheorien (vgl. z. B. Hold v. Ferneck, S. 42 f.) wie überhaupt für jede Lehre von einer bloß formellen Rechtswidrigkeit. Zum Prinzip erhoben von Hobbes, Kap. 28, vgl. aber auch Bindings Lehre vom Ungehorsam: „Das Gesetz ist Wille" (Normen, S. 293) und gibt Rechte und Pflichten „der Botmäßigkeit" (ebda. ff.); „Angriffsobjekt ist das Recht auf Botmäßigkeit, dessen Garantiegesetz die Norm" (ebda. S. 299). Dazu, daß Bindings Positivismus nicht überbetont werden darf, vgl. o. A III 5 c, Anm. 173.

[447] Die Fähigkeit, den Willen durchzusetzen. So die Gleichsetzung von Geltung und Effektivität der Norm, vgl. z. B. Schreiber, S. 76 ff., dazu Fiedler, AcP 192, S. 515 f.

rativentheorie entwickelte Bestimmungsnorm[448]. Von hier aus gesehen erscheint das Verbrechen als pflichtwidriger Verstoß gegen einen Imperativ[449].

b) Die Imperative der Versuchsbestimmung

Beschränkt man den Tatbestand (im Sinne des § 59) z. B. des versuchten Mordes auf §§ 211, 43, so lautete der Imperativ des Strafausdehnungsgrundes vom Boden der objektiven Theorie aus:
„Du sollst (auch) nicht mit Tötungsvorsatz das Leben Dritter konkret gefährden."
Beschränkte sich die Versuchsregelung auf § 43, wäre dieser Imperativ zweifellos mit der systematischen Einordnung des Versuchs als die Schutzgrenze vorverlagernden Strafausdehnungsgrund vereinbar. Insbesondere bleibt der Bezug auf das Rechtsgut erhalten.

Es muß aber gefragt werden, ob er nicht durch § 46 in anderer Weise mit dem Rechtsgut verknüpft werden kann. Bezieht man § 46 in den Versuchstatbestand mit ein, so lautete der Imperativ etwa:

1. § 211: „Du sollst nicht töten."
2. §§ 211, 43, 46 Ziff. 1: „Hast Du das Leben Dritter mit Tötungsvorsatz konkret gefährdet, so stehe, *um nicht zu töten,* davon ab."
3. §§ 211, 43, 46 Ziff. 2: „Hast Du alles zum Töten eines Dritten Erforderliche getan, so wende, *um nicht zu töten,* den Erfolg ab[450]."

Bei Einbeziehen des Rücktritts in den Imperativ wird die Verbindung zum Rechtsgut sehr viel enger. *Der Versuchsimperativ erscheint als Konkretisierung des Verletzungsverbots* in Form eines situationsbezogenen Gebots. Es liegt deshalb nahe, den mit Strafe bedrohten Versuch als durch Nichtabstehen von der Durchführung oder Nichtabwenden des Erfolgs in besonderer Weise pflichtwidriger Gefährdung anzusehen. Er erscheint dann als durch Unterlassung qualifizierter Beginn der Ausführung und die *fragmentarische Poenalisierung konkreter Gefährdung beruht auf einem qualitativen Unterschied.*

---

[448] Da in unserem Zusammenhang nur interessiert, ob die Einordnung des Rücktritts in den Tatbestand auch in Systemen möglich ist, die beim Aufbau des Verbrechensbegriffs von der materialen Pflichtwidrigkeit ausgehen oder diese zumindest berücksichtigen, kann auf die Grundlagen der Imperativentheorie nicht eingegangen werden. Übersicht über die ältere Literatur bei ENGISCH, Imperativentheorie; vgl. ferner ENGISCH, Einführung, S. 18 ff.; zum heutigen Problemstand: OEHLER, Zweckmoment, § 2, und KLUG, Bemerkungen S. 115 m. weiteren Nachweisen.

[449] Zu der Frage, ob der Gegenstand von Bestimmungs- und Bewertungsnorm identisch ist, vgl. KAUFMANN, „Binding" S. 75, 77 f. und öfter; STRATENWERTH, S. 248.

[450] Die Formulierung von Ziff. 1 als Verbot und Ziff. 2 und 3 als Gebot wurde aus sprachlichen Gründen gewählt; logisch besteht kein Unterschied, vgl. dazu KLUG in Festschrift BRITZELMAYR, S. 117.

### *4. Rücktritt des Täters und Teilnahme*

Wenn das Fehlschlagen des Versuchs[451] bzw.[452] die pflichtwidrige Unterlassung des Rücktritts[453] Begriffsmerkmal des mit Strafe bedrohten Versuchs ist, bleiben bei Rücktritt des Täters auch die Teilnehmer im Rahmen der Akzessorietät straflos (§§ 48, 49).

a) beim untauglichen Versuch

Für die überkommene objektive Theorie, die Versuch nur annimmt bei konkreter Gefährdung vom Täter unabhängiger äußerer Angriffsobjekte, stellt sich die Frage des Rücktritts vom untauglichen Versuch nicht. Sie erhält aber Bedeutung bei konsequenter Anwendung der objektiven Theorie auch auf Fälle der Gefährdung des Rechtsguts als Rechtswert im bloß intentionalen Angriffsobjekt[454]. Auch in diesen Fällen muß für die Strafbarkeit der Versuchstatbestand voll verwirklicht sein. Bei ihnen ist die Tat objektiv erst dann endgültig vom Täter emanzipiert, wenn dieser die Untauglichkeit seines Beginnens erkannt hat[455]. Auch in diesen Fällen läßt sich regelmäßig zwischen beendetem und unbeendetem (kategorialem) Versuch unterscheiden: Der Versuch ist z. B. beendet mit Beibringen des vermeintlichen Giftes, Einnahme des zur Abtreibung untauglichen Mittels, Wegnahme der vermeintlich fremden Sache usw. Beim unbeendeten unerkannt untauglichen Versuch ist die Tat noch des Täters und genügt bloßes Abstehen, damit das Beginnen straflos bleibt.

Beim beendeten unerkannt untauglichen Versuch ist dagegen eine generelle Lösung in der allgemeinen Versuchslehre nur eingeschränkt möglich. Es gibt auch beim untauglichen Versuch Fälle, in denen es dem Täter gelingt, seiner Tat wieder mächtig zu werden: die vermeintlich Schwangere erbricht das Abtreibungsmittel, dem vermeintlich Vergifteten wird ein Gegengift eingegeben, der Täter bringt die herrenlose oder eigene Sache zurück usw. Zum anderen kann auch beim untauglichen Versuch der Rücktritt mißlingen: der vermeintlich Vergiftete ist nicht mehr erreichbar, ein Arzt oder Gegengift kann nicht rechtzeitig erreicht werden usw. Dazwischen liegen Fälle, in denen der Versuch, die Folgen abzuwenden, die Untauglichkeit des Begonnenen

[451] Vgl. o. C II, III 1, 2.

[452] Die Gleichstellung ist keine dogmatische, sondern eine logische: Der Satz gilt gleicherweise bei systematischer Anknüpfung an den Erfolg oder die Pflichtwidrigkeit.

[453] Vgl. o. C III 3 b).

[454] Vgl. dazu o. A III 5 d).

[455] Vgl. die Fälle RG 24, 222; 55, 66: der Dieb findet nichts vor. Zweifellos hat sich der Täter davon überzeugt, daß hier „nichts zu holen", sein Angriff von vornherein verfehlt war. Die Deutung, er sei unfreiwillig „zurückgetreten", ist absurd.

offenbart oder sogar offenbaren muß. Logisch lassen sich diese nicht eindeutig lösen. Teleologisch erscheint es richtig, bei ihnen mangels Strafbedürftigkeit und Strafwürdigkeit „freiwilliges und ernsthaftes Bemühen, die Vollendung der Tat zu verhindern[456]", zur Straflosigkeit genügen zu lassen.

Auch beim objektiv erfolgreichen Rücktritt des Täters vom untauglichen Versuch bleiben etwaige Teilnehmer straflos.

b) Ignoranz- und Irrtumsfälle

Bezieht man § 46 in den Tatbestand des strafbaren Versuchs ein[457], so kann der Täter über den Entwicklungsstand des Delikts bzw. die für seine Rechtspflicht konstitutiven Tatumstände irren. Bedeutsam sind insbesondere folgende Fallgruppen:

a) der Täter hält den tauglichen beendeten Versuch für unbeendet und steht von der weiteren Tatdurchführung ab; der Erfolg tritt ein.

Zunächst ist zu prüfen, ob der Täter den Erfolg überhaupt noch hätte abwenden können[458]. Fehlte die Möglichkeit z. Z. des Rücktrittsentschlusses, so war die Tat bereits endgültig als pflichtwidrige vom Täter emanzipiert, und der Erfolg ist als vorsätzlich herbeigeführt zuzurechnen. War dagegen Rücktritt objektiv noch möglich, so irrte der Täter über für den spezifischen Inhalt der Rechtspflicht relevante Tatumstände. Da sich der Vorsatz nach hM[459] auf diese erstrecken muß, bleibt der Täter straflos[460] gem. § 59 I, sofern nicht

---

456 E 60/62 § 28 III; vgl. a. BGH 11, 324. Im Grunde genommen verlangt also hier die Rechtsprechung Vorsatz bezüglich einer „negativen objektiven Strafbarkeitsbedingung" (= Strafaufhebungsgrund), die „den besonderen Unrechtsgehalt ... begründet und deshalb zum Unrechtstatbestand" gehört (vgl. Engisch, Mezger-Festschrift, S. 132), wie überhaupt die subjektive Interpretation des „Strafaufhebungsgrundes" bei der Beurteilung prinzipiell zu den gleichen Ergebnissen führt, wie die Einordnung des § 46 als negatives Tatbestandsmerkmal, auf das sich der Vorsatz erstrecken muß. Die verschiedene Klassifizierung ist lediglich auf das Argument, der Rücktritt des Täters dürfe die Strafbarkeit des Teilnehmers nicht berühren, zurückzuführen. Folgerichtig müßte sich dann die Argumentation gegen die Akzessorietät als solche richten. Vgl. dazu oben sub B II 3 a) und unten sub C III 4 c). — Der Entwurf geht insofern weiter als der Text, als nach ihm auch die Fälle straflos bleiben, bei denen der Täter seine Tat nicht mehr einzuholen vermag; Beispiel: A schickt B eine Flasche vermeintlich vergifteten Wein. B trinkt ihn, bevor A ihn warnen kann. Hier ist der Versuch in typischer Weise fehlgeschlagen, bliebe aber nach dem E straflos. Es ist aber unwahrscheinlich, daß dadurch bedenkliche Strafbarkeitslücken entstehen.

457 Sei es als fehlgeschlagenes crimen in itinere, sei es als pflichtwidriger Nicht-Rücktritt.

458 Auf das allgemeine Problem der Kausalität bei Unterlassungen kann in dieser Arbeit nicht eingegangen werden.

459 Vgl. z. B. Schönke-Schröder, § 59 III, 8 m. Nachw.

Imputation wegen Fahrlässigkeit in Frage kommt (§ 59 II)[461]. Seit Limitierung der Akzessorietät sind dagegen etwaige Teilnehmer wegen Anstiftung oder Beihilfe zu vorsätzlicher Verletzung zu bestrafen (§§ 50, 48, 49).

b) Der Täter hält den tauglichen unbeendeten Versuch für fehlgeschlagen oder untauglich.

Nach objektiver Deutung hat sich in diesem Fall die Tat nicht vom Täter emanzipiert und dieser mit dem Abbruch seiner Tätigkeit objektiv pflichtgemäß gehandelt. Der objektive Tatbestand des strafbaren Versuchs ist nicht voll verwirklicht[462], und das Fehlen des Rücktrittsvorsatzes begründet nur straflosen Versuch des strafbaren Versuchs. Etwaige Teilnehmer bleiben straflos.

Vom Handlungsunwert ausgehende Theorien und die Lehre vom Umkehrschluß aus § 59[463] gelangen dagegen zur Strafbarkeit[464].

c) Der Täter hält den tauglichen beendeten Versuch für fehlgeschlagen und/oder untauglich und

aa) wendet den Erfolg ab;

bb) unternimmt nichts; der Erfolg tritt ein oder wird von Dritten verhindert.

ad aa): Hier gilt das zu b) Ausgeführte.

ad bb): Objektiv hat sich die Tat vom Täter emanzipiert, der Täter hat nicht pflichtgemäß gehandelt. Sein Irrtum ist nach objektiver Deutung unbeachtlich, weil es genügt, daß der Täter im Verlaufe der Unterlassung zu irgendeinem Zeitpunkt vorsätzlich pflichtwidrig gehandelt hat[465]. Die subjektiven Theorien führen zu dem gleichen Ergebnis[466].

d) Der Täter hält den fehlgeschlagenen tauglichen unbeendeten oder beendeten Versuch noch für durchführbar und steht ab bzw. versucht, den Erfolg abzuwenden.

Der Tatbestand des strafbaren Versuchs ist objektiv und subjektiv erfüllt. Der Vorsatz richtet sich beim strafbaren Versuch ebensowenig auf dessen Vollendung wie beim vollendeten Delikt auf den real ein-

---

[460] Im Ergebnis übereinstimmend BGH 3 StR 699/52 b. Dallinger, MDR 1953, 722; vgl. a. Schönke-Schröder I 2 c zu § 46.

[461] Vgl. dazu Schröder, JuS. 62, 82.

[462] Unserer Rechtsordnung genügt regelmäßig das objektiv richtige Handeln jenseits der Motivation: so bleibt z. B. nach einhelliger Meinung straflos der Ehemann, der den Gashahn schließt, um eine Explosion zu verhindern und dabei bedauert, zugleich seine Frau zu retten.

[463] Vgl. zu diesem Spendel, ZStW 69, 441 ff.; Sax, JZ 64, 241 ff.

[464] Vgl. auch die sogenannte Franksche Formel, Frank II zu § 46.

[465] Genauso wie im Falle des § 330 c, wenn der Täter dem erschöpften Schwimmer erst nach Austrinken seines Kaffees beistehen wollte, danach aber Rettung nicht mehr für möglich hielt. Der Grund dafür liegt in der Struktur der Dauer bei den Unterlassungen.

[466] Vgl. Schönke-Schröder, § 46 II 2 b $\gamma$ m. Nachw.

getretenen Erfolg[467]. Die Strafbarkeit hat auch präventive Wirkung, weil das „zu spät" des Rücktritts das objektive Risiko deliktischen Handelns demonstriert.

Nach der subjektiven Theorie wäre der Rücktritt freiwillig, und ginge der Täter straflos aus[468]. Da auf den Vorsatz nur aus der Handlung geschlossen werden kann, entstehen Schwierigkeiten bei der Unterscheidung zwischen versuchten Rücktrittshandlungen des sich noch tatmächtig wähnenden Täters und der Indizienbeseitigung des gescheiterten Delinquenten. So ist z. B. die Einlassung des den Tatort verlassenden Einbrechers, er habe den Wachmann nicht gesehen und seine Tat lediglich aus Angst vor Entdeckung aufgegeben, kaum zu widerlegen.

c) Teilnahme und Akzessorietät

Im kritischen Teil wurde aufgezeigt, daß das entscheidende rechtspolitische Argument für die Einordnung des Rücktritts als persönlicher Strafaufhebungsgrund die Beschränkung des Privilegs auf den selber Zurücktretenden war. Beachtung verdient es innerhalb der Versuchslehre nur so weit, wie es sich nicht gegen die Akzessorietät der Teilnahme als solche richtet. Problemgeschichtlich reicht es weit zurück in die Zeit strenger Akzessorietät. Vor der Novelle vom 29. 5. 1943 (RGBl. I, 339) wären bei Einordnung des § 46 in den Versuchstatbestand Teilnehmer auch dann straflos ausgegangen, wenn der zurücktretende Täter den tauglichen beendeten Versuch für unbeendet hielt und der Verletzungserfolg eingetreten ist[469]. Dieses Ergebnis wäre sicherlich vom Rechtsgüterschutzgedanken aus schwer erträglich gewesen. Das Argument der Teilnahme scheint uns deshalb eher Ausdruck des Problems strenger Akzessorietät als des Rücktritts vom Versuch. Es über die Limitierung der Akzessorietät hinaus zu tradieren, ist nicht gerechtfertigt.

---

[467] Vgl. dazu oben A III 5 b) bb).

[468] Vgl. dazu Schönke-Schröder, § 46 II 2 b $\gamma$ m. Nachw.; vgl a. Kohlrausch-Lange, VII 1, der grundsätzlich der objektiven Theorie folgt; grundlegend wohl die subjektivistische Franksche Formel (Frank § 46 Bem. II).

[469] Vgl. dazu oben sub 2 a).

## NACHWORT

Jedes System wird und muß (arg. § 87) den Beginn der Ausführung so definieren, daß er in ihm als Unrecht erscheint: Die „Auflehnung gegen die Rechtsordnung als solche", die Erschütterung des „Rechtsfriedens[470]", der „Gesinnungsverfall[471]" ist mit Überschreiten der Vordergrenze des Versuchs für die subjektiven Theorien ebenso manifest, wie die „konkrete Rechtsgutsgefährdung" für die objektiven. Die Straflosigkeit beim Rücktritt ist deshalb immer unverdient.

Da das Rücktrittsprinzip nach dem Maß der Gerechtigkeit ebenso gut fehlen könnte, kann es kategorial nicht zwingend gedeutet werden. Das vom Täter aufgegebene crimen in itinere ist deshalb kategorial strafloses Unrecht und damit für entsprechende Verbrechenslehren systemwidrig. Daraus folgen für kategoriale Lehren zwei Gefahren: entweder das systemwidrige Rücktrittsprinzip gleichsam als metajuristisch abzutun oder das die Straflosigkeit anordnende Gesetz bei der Interpretation auszuhöhlen und den Rücktritt so auszudeuten, wie es konstruktiv-systematischen Bedürfnissen oder rechtspolitischen Überzeugungen des Autors entspricht[472]. Dadurch entstehen einmal für die Begriffsbildung vielfältige Schwierigkeiten, von denen einige aufgewiesen wurden[473], zum anderen werden rechtsstaatliche Garantien[474] und die materiale Gewaltenteilung[475] verletzt.

Geht man dagegen teleologisch von der mit Strafe bedrohten Handlung aus, so erscheint der Rücktritt als negatives Merkmal der Versuchsstrafdrohung, die — wie wohl jede Poenalisierung — enger ist als der Bereich des aus der Rechtsordnung als solcher konstruierbaren Unrechts, gleichgültig, ob dieses objektivistisch oder subjektivistisch verstanden wird. Schwierigkeiten können daraus für teleologische Systeme schon deshalb nicht entstehen, weil unser Strafrecht sich als — kategorial gesehen — fragmentarisch katexochen erweist.

Durch das Rücktrittsprinzip werden aber auch keine teleologischen Strafbarkeitslücken aufgerissen, denn General- wie Spezialprävention bleiben gewahrt[476].

Schließlich erlaubt das Einbeziehen des § 46 in den Versuchstatbestand eine vertiefende Deutung der Versuchsstrafdrohung[477].

---

[470] Vgl. sub A II 1.

[471] Vgl. sub A II 2 c).

[472] Vgl. sub B.

[473] Vgl. sub B II.

[474] Vgl. sub A, B.

[475] Vgl. dazu z. B. Eb. Schmidt, Justiz, S. 33, 56 f.; Arndt, NJW 61, 1617, linke Spalte.

[476] Vgl. sub B II 3 a) bb) und C III 2, 4.

[477] Vgl. sub C III.

FSC
www.fsc.org
MIX
Papier | Fördert
gute Waldnutzung
FSC® C083411

Kolibri 360 GmbH
Ferdinand-Jühlke-Straße 7
99095 Erfurt, Deutschland
produktsicherheit@kolibri360.de